Vende con Impacto: Como ganar en la vida y en las ventas

Autor: Eder Villarreal

ISBN:

Editorial:

Fecha de publicación: diciembre 2024

Derechos de autor ® [2024] Eder Villarreal. Todos los derechos reservados.

Este libro no puede ser reproducido, distribuido o transmitido de ninguna forma ni por ningún medio, ya sea electrónico o mecánico, incluyendo fotocopia, grabación o cualquier sistema de almacenamiento y recuperación de información, sin el permiso previo por escrito del autor.

Se permiten citas breves con fines educativos o de crítica, siempre que se mencione el autor y el título del libro.

Índice

Índice 2
Prólogo 4
Capítulo 1: La Mentalidad del Vendedor Exitoso 7
Capítulo 2: Conociendo tu Cliente Perfecto 13
Capítulo 3: La Fórmula de las Ventas Exitosas 18
Capítulo 4: El arte del cierre – Convierte el no en un sí 24
Capítulo 5: Ventas al máximo 31
   Las estrategias 10x para maximizar tus ventas 32
Capítulo 6: Fidelización – El secreto del éxito a largo plazo 38
   Las claves para fidelizar a largo plazo 43
Capítulo 7: El poder de la tecnología en las ventas 45
Capítulo 8: Vender en tiempos difíciles 52
Capítulo 9: La disciplina del vendedor campeón 59
Capítulo 10: Motivación y resiliencia para mantenerte en la cima 66
Capítulo 11: Historias de ventas memorables 72
   La historia del vendedor incansable: de un "no" a un "sí" rotundo 73
   La historia de Ana: creando una conexión emocional que cerró la venta 74
   La historia de Marco: cuando el miedo al rechazo se convierte en motivación 76

La historia de Laura: la venta de una solución, no un producto 77

Capítulo 12: Acción Masiva: Tu Plan para el Éxito en Ventas 80

Capítulo 13: La Experiencia Memorables del Cliente y la Post-Venta: Un Viaje Continuo 88

Capítulo Final: Creando Experiencias Memorables: De la Pre-Venta a la Post-Venta 94

Capítulo Extra: El Líder en las Ventas – La Clave Para Transformar Tu Equipo y Multiplicar los Resultados .104

¿Qué implica esto? 105

El Líder Como Entrenador 106

Acciones prácticas del líder entrenador: 107

Cómo Tratar a Tu Equipo de Ventas: Construir Relaciones Basadas en Respeto y Confianza 109

¿Cómo lograrlo? 109

Epílogo: El Impacto del Vendedor 112

Agradecimientos 117

Prólogo

En la vida, como en las ventas, hay dos tipos de personas: los que esperan y los que actúan. Algunos pasan demasiado tiempo observando, analizando y dudando. Quieren estar seguros antes de tomar cualquier decisión, esperando que la vida les dé una garantía de éxito. Otros, en cambio, se atreven a moverse. Levantan la mano, toman riesgos, se equivocan, aprenden y vuelven a intentar. Estos últimos son los que ganan el juego.

Imagínate un memorama. Cada carta que destapas es una decisión, una oportunidad. No sabes qué hay debajo hasta que tomas la acción de girarla. Quizá encuentres el par perfecto o quizás no, pero con cada intento te acercas más al objetivo. El éxito no es para quienes se quedan esperando a que las piezas encajen por sí solas. Es para quienes se atreven a jugar, porque cada error, cada acierto y cada carta destapada les da más claridad y confianza para avanzar.

Este libro, "Vende con Impacto: Cómo Ganar en la Vida y las Ventas", está diseñado para ayudarte a jugar el juego de las ventas y de la vida con valentía, estrategia y propósito. No se trata solo de vender más, sino de dejar un impacto positivo en cada cliente, en cada interacción y, sobre todo, en tu propia historia.

Las ventas no son solo transacciones; son conexiones humanas. Cada cliente que cruza tu camino es una carta en tu juego, una oportunidad para crear algo memorable, para sorprender, para servir. Cuando entiendas esto, las ventas dejarán de ser una tarea y se convertirán en tu vehículo para transformar vidas, incluidas la tuya.

A lo largo de estas páginas, encontrarás estrategias prácticas inspiradas en los mejores, pero también te compartiré lecciones de vida que he aprendido, algunas de ellas forjadas en errores y otras en triunfos. Este libro es una guía para tomar acción, para destacar en el arte de las ventas y para ganar, no solo en números, sino en relaciones, confianza y lealtad.

Recuerda, no es el más cauteloso quien gana, sino aquel que entiende el valor de cada intento. Así que toma este libro como tu primer paso para destapar las cartas de un futuro lleno de éxito, propósito y grandes ventas.

Ahora, es momento de jugar y ganar con impacto.

Capítulo 1: La Mentalidad del Vendedor Exitoso

Las ventas no son solo un trabajo; son un arte y un estilo de vida. Y como cualquier arte, se perfecciona desde adentro hacia afuera. ¿Qué diferencia a un vendedor promedio de uno extraordinario? No es solo la técnica, ni el producto que vende, ni siquiera la experiencia. Es algo más profundo: su mentalidad.

La mentalidad del vendedor exitoso es una mezcla de confianza, propósito y acción. Es la capacidad de ver oportunidades donde otros ven obstáculos, de levantarse después de cada rechazo y de enfocarse en servir antes que en vender. Esta mentalidad no nace con nosotros; se construye con cada paso que damos, con cada riesgo que tomamos y con cada cliente al que servimos.

Todo comienza contigo. Si no confías en tu capacidad para ofrecer valor, los demás tampoco lo harán. Pero, ¿cómo construir esa confianza? La clave está en reconocer tus fortalezas y trabajar en tus debilidades.

La próxima vez que sientas dudas, pregúntate:

- ¿Qué puedo aprender de esta situación?
- ¿Qué hace único lo que ofrezco?
- ¿Cómo puedo transformar un "no" en una oportunidad para crecer?

Recuerda: cada "no" te acerca más al "sí". Cada cliente difícil te convierte en un vendedor más hábil. Cada día que te enfrentas al rechazo y sigues adelante es un día en el que fortaleces tu confianza.

"No vendas productos; vende soluciones. No te enfoques en los números; enfócate en las personas. El éxito llega como resultado de servir con excelencia."

Las ventas no son solo números; son una misión. Si tu única meta es cumplir una cuota, te quedarás corto. Pero si tu propósito es ayudar, transformar y aportar valor, tus resultados se dispararán.

Hazte esta pregunta: ¿Por qué vendo lo que vendo?

- Si vendes medicamentos, ayudas a mejorar vidas.

- Si vendes tecnología, conectas a las personas con el futuro.

- Si vendes servicios, haces la vida más fácil para tus clientes.

Encuentra el propósito detrás de tus productos y úsalo como motor para cada interacción. Cuando los clientes perciben que realmente te importan, confían en ti. Y la confianza es la base de cualquier venta exitosa.

Una mentalidad positiva sin acción es como un coche sin gasolina. No importa cuánto creas en ti mismo o en tu producto, si no tomas acción, nada sucederá.

La acción es lo que separa a los soñadores de los hacedores. ¿Quieres mejorar tus ventas? Empieza por hacer más preguntas, escuchar más atentamente y buscar más clientes. No te quedes esperando que las oportunidades lleguen a ti. Sal y crea esas oportunidades.

Cada día, haz algo que te acerque a tus metas:

- Llama a un cliente potencial.

- Aprende una nueva técnica de ventas.
- Reflexiona sobre qué puedes mejorar en tu enfoque.

"No esperes a que sea el momento perfecto. Haz que este momento sea perfecto actuando ahora."

El rechazo es parte del juego, pero no es el final del camino. Los mejores vendedores no lo ven como algo personal; lo ven como una oportunidad para mejorar.

Cuando un cliente dice "no", en lugar de sentirte derrotado, pregúntate:

- ¿Qué puedo aprender de esta experiencia?
- ¿Cómo puedo ajustar mi enfoque la próxima vez?
- ¿Qué señales me dio el cliente antes de decir "no" que no supe interpretar?

Cada "no" te da una lección. Aprende de ellos, adáptate y sigue adelante. Recuerda: un "no" hoy puede ser un "sí" mañana si sigues cultivando la relación.

El éxito no es un evento único; es el resultado de los hábitos que construyes cada día.

Los vendedores exitosos:

1. Visualizan sus metas: Antes de comenzar el día, visualizan el cierre de una gran venta o la satisfacción de un cliente.
2. Se preparan constantemente: Estudian sus productos, mejoran sus técnicas y se mantienen actualizados en su industria.
3. Mantienen una actitud positiva: Saben que la energía que transmiten afecta directamente a sus resultados.
4. Celebran sus logros: Reconocen cada avance, por pequeño que sea, porque saben que cada paso cuenta.

Cultivar estos hábitos no solo te ayudará a vender más, sino también a disfrutar el proceso.

Este capítulo no es solo para leer; es para actuar. Toma un momento y reflexiona:

- ¿Qué puedo hacer hoy para mejorar mi mentalidad?

- ¿Qué pasos puedo dar ahora mismo para avanzar en mis metas?

Haz una lista de tres acciones concretas y comprométete a realizarlas. Recuerda, el éxito en las ventas no es un destino, sino un viaje constante.

"El mejor vendedor no es el que tiene más experiencia, sino el que toma más acción con la mentalidad correcta."

Con una mentalidad fuerte y enfocada, estarás listo para enfrentar cualquier desafío en tu camino. Ahora que conoces el poder de tu mente, avancemos al siguiente paso: conocer a tu cliente ideal.

Capítulo 2: Conociendo tu Cliente Perfecto

Uno de los errores más comunes en las ventas es tratar de venderle a todos. Pero aquí está la realidad: no todos son tus clientes. Intentar venderle a todos es como lanzar una red al océano esperando atrapar peces, pero también acabas atrapando basura, algas y, en muchos casos, nada en absoluto. Por eso, necesitas ser estratégico, enfocar tu energía y entender a quién estás destinado a servir. Necesitas conocer a tu cliente perfecto.

Imagina que estás por abrir una tienda física. ¿Quiénes serían las personas que cruzarían la puerta de entrada? ¿Qué edad tienen? ¿Qué problemas enfrentan que tú puedes resolver? ¿Qué les motiva a actuar? Estas preguntas son el punto de partida para construir el perfil de tu cliente ideal.

El cliente perfecto no es solo alguien que compra tu producto o servicio; es alguien que lo necesita, lo valora y está dispuesto a pagar por él. Identificar a este cliente no solo hará que vendas más, sino que venderás de manera más eficiente y satisfactoria.

Para conocer a tu cliente perfecto, debes realizar un ejercicio de introspección y análisis. Aquí tienes una serie de preguntas clave que te ayudarán:

1. ¿Qué problemas resuelve tu producto o servicio? Cada producto o servicio existe para solucionar algo. Piensa en esos problemas como las puertas de entrada hacia tu cliente perfecto. Si ofreces un suplemento vitamínico, tu cliente perfecto podría ser alguien que prioriza su salud, tiene poco tiempo para cocinar o busca mejorar su energía diaria.

2. ¿Cómo se ve la vida de tu cliente perfecto? ¿Qué hace durante el día? ¿Dónde vive? ¿Cómo gasta su tiempo y su dinero? Mientras más detalles tengas, más preciso será tu enfoque. Por ejemplo, si vendes artículos de lujo, tu cliente perfecto probablemente valora la calidad, el estatus y la exclusividad.

3. ¿Qué emociones impulsan sus decisiones? Las personas no compran solo productos; compran emociones. El cliente que busca seguridad para su familia, autoestima a través de su apariencia o tranquilidad financiera es impulsado por sentimientos profundos. ¿Qué emoción despierta lo que ofreces?

No basta con suponer; necesitas investigar. Usa herramientas como encuestas, entrevistas y análisis de datos para entender mejor a tu público. Redes sociales como Facebook, Instagram y LinkedIn también son excelentes para identificar patrones de comportamiento. ¿Qué comentan tus clientes potenciales? ¿Qué tipos de publicaciones les interesan?

Un ejemplo claro de esto es el análisis de las reseñas. Si ya tienes clientes actuales, estudia sus comentarios. ¿Qué les gusta? ¿Qué desearían mejorar? Si estás comenzando desde cero, observa las reseñas de la competencia para identificar brechas en el mercado.

Ahora es momento de poner todo junto y crear un "avatar" de tu cliente ideal. Dale un nombre, una edad, una ocupación y un conjunto de características. Por ejemplo:

- Nombre: Mariana
- Edad: 35 años
- Ocupación: Gerente de Recursos Humanos
- Intereses: Salud, bienestar, moda.
- Problemas: Falta de tiempo para ejercitarse y preparar comidas saludables, estrés laboral.

Cuando diseñas este avatar, estás creando una representación mental que te ayudará a conectar de manera más auténtica con tus clientes. Cada vez que comuniques un mensaje, imagina que estás hablando directamente con Mariana.

Cuando sabes quién es tu cliente, tu proceso de ventas se transforma. Dejas de lanzar mensajes genéricos que se pierden en el ruido, y comienzas a hablar el idioma de tu público. Tus presentaciones de ventas se vuelven más relevantes, y tus clientes sienten que realmente los entiendes.

Pero no te detengas ahí. Conocer a tu cliente es un proceso continuo. Los mercados cambian, las necesidades evolucionan y las personas también. Dedica tiempo regularmente a revisar y actualizar tu perfil de cliente ideal.

No esperes más para identificar a tu cliente perfecto. Toma papel y pluma, responde las preguntas de este capítulo y crea tu avatar. Piensa en un cliente que ya tengas o en uno que quisieras atraer. Describe su vida, sus emociones y sus problemas. Y luego pregúntate: *¿Cómo puedo servir mejor a esta persona hoy?*

Conocer a tu cliente perfecto no solo es un paso hacia mejores ventas; es un paso hacia relaciones más significativas y hacia un impacto más profundo. Cuando entiendas a quién estás sirviendo, todo en tu negocio cambiará para mejor.

Capítulo 3: La Fórmula de las Ventas Exitosas

Las ventas no son simplemente una transacción. Son la construcción de una conexión, la creación de un puente entre las necesidades del cliente y las soluciones que tú ofreces. Para tener éxito en las ventas, es necesario contar con un sistema claro y probado que te guíe en cada paso del proceso. Una fórmula que te permita capturar la atención, mantener el interés, crear un deseo profundo y motivar a la acción. Esta fórmula es universal y efectiva. Se llama AIDA: Atención, Interés, Deseo y Acción.

A – Atención

El primer paso en cualquier proceso de venta es captar la atención de tu cliente. Sin esto, todo lo demás pierde relevancia. Pero, ¿cómo captar su atención? El mercado está lleno de ruido, y los clientes se sienten abrumados por la cantidad de opciones. Para destacarte, debes ser diferente. Debes romper el molde. Si estás en una tienda, si estás en una llamada o en una reunión, tu primera tarea es destacar. No importa si tu producto es el mejor del mercado; si no logras que el cliente preste atención a lo que tienes para ofrecer, no vas a lograr ninguna venta.

Piensa en este primer paso como un anzuelo. La forma de capturar su atención podría ser una frase intrigante, una pregunta que los haga pensar, o una oferta irresistible que les hable directamente a sus necesidades. La clave es ser relevante y directo. Necesitas hacer que el cliente se detenga en su rutina y se concentre en lo que tienes que decir. Esto es lo que va a abrir las puertas para el resto del proceso.

I – Interés

Una vez que has capturado su atención, es hora de mantener su interés. ¿Cómo lo logras? En este paso, lo más importante es comprender las necesidades, deseos y preocupaciones de tu cliente. ¿Qué es lo que realmente busca? ¿Cómo puedes mostrarle que tienes lo que necesita?

El interés no se mantiene solo con un bonito producto o servicio. Se mantiene con un entendimiento genuino de lo que el cliente quiere. Aquí es donde comienza a haber una conexión real. Hacer preguntas clave, escuchar atentamente, y dar respuestas específicas que hablen directamente a sus necesidades es lo que mantendrá su interés. Mientras más le demuestres que entiendes sus inquietudes y que tienes la solución correcta para él, más fácil será que siga avanzando en el proceso.

D – Deseo

Una vez que has logrado mantener el interés de tu cliente, llega el momento de transformar ese interés en un deseo profundo. Aquí es donde empieza la verdadera magia de las ventas. El deseo es lo que hace que el cliente no solo quiera el producto, sino que lo necesite.

Este paso se enfoca en lo que tu producto o servicio puede hacer por el cliente. No se trata de características, sino de los beneficios que realmente transformarán la vida del cliente. Como menciona Brian Tracy, **"la gente no compra productos, compra los resultados que esos productos les ofrecen"**. No vendas una función, vende una experiencia.

Si vendes un producto de salud, por ejemplo, no te limites a hablar de los ingredientes. Habla de cómo esos ingredientes ayudan a mejorar su bienestar, cómo van a solucionar un problema concreto o cómo cambiarán su calidad de vida. El cliente debe visualizar cómo este producto puede transformar su día a día y, lo más importante, cómo le hará sentir.

A – Acción

Este es el paso final y, quizás, el más importante de todos. Una venta no está cerrada hasta que el cliente toma acción. Aquí es donde muchos vendedores cometen el error de dejar todo en manos del cliente. Esperan que el cliente actúe por sí mismo. Pero no, tú como vendedor debes dirigirlo hacia esa acción. La llamada a la acción debe ser clara, directa y, sobre todo, fácil de seguir.

¿Quieres que compre el producto? Hazlo simple. No pongas obstáculos, no dejes cabos sueltos. Una frase como "¿Te gustaría llevarlo hoy?" o "Te ofrezco este descuento si lo adquieres ahora" es todo lo que necesitas. La acción debe ser directa y fácil de tomar. Y recuerda, no se trata solo de empujar la venta; se trata de guiar al cliente para que tome una decisión que beneficie su vida. La acción es la culminación de todo lo que has hecho hasta este punto. Si has hecho bien tu trabajo, el cliente no solo tomará acción, sino que se sentirá contento de hacerlo.

En las ventas exitosas, lo que importa no son las características del producto, sino los beneficios. Las características son los detalles técnicos: el tamaño, el color, los materiales. Los beneficios, en cambio, son lo que realmente importa al cliente: "¿Qué va a hacer este producto por mí?". Este es el punto en el que los grandes vendedores marcan la diferencia. Saben que no pueden limitarse a hablar de la función del producto. Deben hacer que el cliente vea el impacto que tendrá en su vida.

Cuando entiendes que lo que realmente vende son los beneficios del producto, todo cambia. No vendas un producto; vende un resultado. Si ofreces un teléfono, no vendas la cámara de 12 megapíxeles. Vende lo que ese teléfono le permitirá hacer: capturar momentos inolvidables con la familia, estar más conectado con lo que más importa, o mejorar su productividad diaria. Eso es lo que importa.

Para vender efectivamente, necesitas crear una imagen mental en la mente del cliente. Haz que vea el resultado final, haz que imagine lo que su vida será después de utilizar tu producto. Este es el poder de la fantasía exitosa.

Ponte en los zapatos del cliente. Pregúntate a ti mismo: ¿Qué es lo que realmente quiero lograr? ¿Qué problema quiero resolver? Y desde allí, vende la solución. No se trata de lo que el producto es, sino de lo que el producto hace. Ayuda a tu cliente a visualizar cómo este cambio será positivo para su vida. La clave está en vender el futuro.

Recuerda que tener éxito en las ventas no se trata solo de seguir un conjunto de reglas; se trata de tener un compromiso total con el proceso. La fórmula AIDA, la importancia de los beneficios sobre las características, y la creación de una fantasía exitosa son solo el inicio. El siguiente paso es aplicar todo esto en la práctica.

No esperes el momento perfecto. No pongas excusas. Ve por ello ahora mismo. Cada cliente es una oportunidad, y cada venta exitosa es un paso más hacia tu éxito personal y profesional. La acción es lo que te llevará más lejos. La acción es lo que separa a los que sueñan de los que logran sus sueños.

La fórmula de las ventas exitosas está al alcance de tu mano. No la dejes pasar. Empieza ahora.

Capítulo 4: El arte del cierre – Convierte el no en un sí

Uno de los momentos más cruciales en el proceso de ventas es, sin duda, el cierre. Es ese instante cuando el cliente tiene que tomar la decisión final, ese momento en el que el vendedor tiene que llevar a la persona a la acción que se desea: la compra. Sin embargo, lo que muchos vendedores no entienden es que el cierre no comienza cuando el cliente dice "no". En realidad, comienza mucho antes, cuando aún estás construyendo la relación con él. Y, si eres lo suficientemente hábil, ese "no" que parece definitivo puede transformarse en un rotundo sí.

El cierre es más que solo una técnica. Es un arte. Un arte que requiere persuasión, paciencia y, lo más importante, credibilidad. Si sabes cómo hacerlo bien, puedes convertir cualquier objeción en una oportunidad para seguir avanzando. Pero esto no sucede por accidente; se trata de una serie de pasos y principios que debes dominar. ¿Estás listo para aprender cómo convertir un no en un sí?

El primer paso es entender que un "no" no significa el fin del mundo. No es una derrota, ni mucho menos. Es simplemente una resistencia natural que todos los seres humanos sienten cuando se les pide que tomen una decisión importante. El "no" es solo un obstáculo, no el final del camino. Y aquí es donde entra el arte del cierre.

El cliente que dice "no" no está rechazando tu producto o servicio, está poniendo a prueba tu habilidad para resolver dudas, manejar objeciones y ofrecer una solución. El "no" es una oportunidad disfrazada. Un vendedor exitoso no se desanima ante un rechazo, sino que lo utiliza como una señal para profundizar más en las necesidades del cliente y presentar alternativas de valor.

Cuando un cliente dice "no", lo primero que debes hacer es escuchar. No se trata de contradecir de inmediato, ni de insistir hasta el cansancio. Se trata de entender por qué el cliente ha dicho "no" y qué es lo que realmente le preocupa. La empatía es tu arma secreta aquí. Haz preguntas abiertas que te permitan comprender mejor sus objeciones y, desde ahí, construir una respuesta que les permita sentir que sus dudas han sido resueltas.

"Entiendo por qué dices que no, pero déjame mostrarte cómo esto puede ser una solución para ti". Esa es la actitud. La empatía y la comprensión genuina abren la puerta para que puedas presentar una solución más personalizada.

Existen tres tipos principales de objeciones que los clientes pueden presentar durante una venta. Comprender estos tipos te ayudará a manejarlas con maestría:

1. Objeciones del precio: El cliente puede sentir que el producto es demasiado caro o fuera de su presupuesto. Aquí, lo importante es enfatizar el valor y los beneficios que recibirá a cambio de esa inversión. Recuerda, siempre es más fácil vender una solución que un producto.

2. Objeciones sobre la necesidad: El cliente podría no estar convencido de que realmente necesita lo que ofreces. En este caso, debes demostrar cómo tu producto resuelve un problema concreto o mejora su situación actual.

3. Objeciones sobre el momento: A veces, el cliente simplemente no está listo para comprar en ese momento. En este caso, es esencial crear urgencia sin ser agresivo. Hazle ver que tu oferta es limitada, que la oportunidad de aprovechar los beneficios es ahora y que no hay mejor momento para tomar acción.

Una de las técnicas más poderosas para cerrar ventas es ofrecer siempre tres alternativas. Esta estrategia permite al cliente sentir que está tomando control de la situación. En lugar de ponerlo frente a una sola opción, que podría parecer una presión, le das varias alternativas. De esa manera, el cliente no está decidiendo si comprar o no, sino qué es lo que va a comprar.

Por ejemplo, supongamos que estás vendiendo un paquete de servicios. Puedes ofrecer tres opciones:

- Opción A: El paquete básico, que cubre las necesidades mínimas.
- Opción B: Un paquete intermedio con características adicionales a un precio razonable.
- Opción C: El paquete premium con todos los beneficios incluidos.

Este enfoque no solo incrementa tus posibilidades de venta, sino que también crea una sensación de que el cliente está tomando una decisión informada. Ya no es una cuestión de si compra, sino de qué va a comprar.

Un cierre efectivo no siempre requiere una táctica agresiva. A veces, una simple pregunta puede llevar a tu cliente a la acción sin que sienta que está siendo presionado. La pregunta de cierre puede ser tan sencilla como:

- "¿Prefieres que te entregue el producto en tu casa o en tu oficina?"
- "¿Cuál de estas opciones se ajusta mejor a lo que necesitas?"
- "¿Qué fecha te gustaría para comenzar?"

Este tipo de preguntas dan al cliente la oportunidad de responder afirmativamente, sin sentir que están siendo forzados a tomar una decisión drástica. Están alineando su compra con su comodidad, lo que aumenta las probabilidades de un "sí".

Otro cierre muy efectivo es el cierre de prueba. Este tipo de cierre te permite medir el nivel de compromiso del cliente antes de dar el siguiente paso. Algunas preguntas para usar durante el cierre de prueba son:

- "¿Te gustaría saber más sobre las opciones de pago?"
- "¿Puedo enviarte más detalles sobre cómo podemos personalizar esta oferta para ti?"

Si el cliente responde afirmativamente, es una señal de que está comprometido. Si dice "no", tienes la oportunidad de seguir trabajando en sus objeciones antes de intentar cerrar de nuevo.

El cierre no tiene que ser un momento tenso ni intimidante. La confianza es clave. Cuando cierras una venta, lo haces con la certeza de que lo que ofreces realmente es lo mejor para el cliente. La gente compra a aquellos que confían en lo que están vendiendo, porque la confianza genera seguridad.

Recuerda que un cierre exitoso es más que una transacción. Es una experiencia emocional para el cliente. Si logras hacer que el cliente se sienta bien con su compra y con la relación que ha establecido contigo, no solo habrás cerrado una venta, sino que habrás ganado un cliente fiel.

La clave para convertir un "no" en un "sí" está en la persistencia inteligente. No se trata de presionar al cliente hasta que diga sí, sino de mantener la conversación abierta, de continuar brindando valor y demostrando que lo que ofreces es lo que realmente necesita. Un "no" es solo una señal de que necesitas profundizar un poco más, de que necesitas trabajar más en la relación y en resolver las inquietudes del cliente. Cuanto más entiendas sus objeciones, mejor serás en convertir ese "no" en un "sí".

Finalmente, recuerda que el cierre no es el fin del proceso de ventas. Es solo el comienzo de una relación continua con el cliente. Un buen cierre puede abrir la puerta a futuras oportunidades, a referencias y a ventas adicionales. Al convertir el "no" en un "sí", no solo ganas una venta, sino que construyes una base sólida para relaciones futuras.

Ahora, con cada cliente que encuentres, recuerda que el arte del cierre es tu habilidad para crear soluciones, resolver problemas y construir confianza. Cuando domines esta técnica, las ventas se convertirán en una secuencia natural y satisfactoria de lograr que más y más personas digan sí a lo que ofreces.

La clave está en convertir cada "no" en una oportunidad de aprendizaje y acción. ¡Ve por ellos ahora!

Capítulo 5: Ventas al máximo

Imagina que tus resultados de ventas se multiplican por 10. ¿Te parece una locura? La verdad es que no lo es. Todo depende de tu mentalidad y las acciones que tomes para maximizar tu potencial y tus resultados. Las ventas 10x no son solo una meta ambiciosa, son una filosofía que puede transformar tu manera de trabajar, de pensar y, sobre todo, de vender. En este capítulo, te enseñaré cómo puedes dar ese salto cualitativo, cómo puedes aplicar principios y estrategias para multiplicar por diez tus resultados. El objetivo es claro: pasar de ser un vendedor promedio a ser un vendedor excepcional.

Lo primero y más importante que debes entender es que la mentalidad es todo. El concepto de ventas 10x no solo se trata de vender más. Se trata de pensar en grande. Se trata de cambiar tu enfoque de manera radical, no conformarte con lo que ya estás logrando, sino buscar una manera de multiplicar tus resultados exponencialmente.

Cuando hablamos de 10x, hablamos de hacer 10 veces más de lo que normalmente haces, y hacerlo mejor. Esto no significa trabajar 10 veces más, significa trabajar de una forma más estratégica, más eficiente, más enfocada. Se trata de trabajar con inteligencia, no con más esfuerzo. Si eres capaz de cambiar tu mentalidad hacia un enfoque 10x, el resto vendrá de manera más natural.

Las personas que han alcanzado grandes logros en las ventas no son necesariamente las que trabajan más horas, sino las que se enfocan en acciones de alto rendimiento. ¿Qué tal si ahora comienzas a pensar en grande? Piensa que puedes lograr 10 veces más si haces las cosas de forma diferente, si aplicas las estrategias adecuadas y te rodeas de las personas correctas.

Las estrategias 10x para maximizar tus ventas

1. La regla de las tres acciones clave

El primer paso para aplicar la mentalidad 10x es entender que no todas las actividades que realizas son igualmente efectivas. Hay ciertas acciones que realmente marcan la diferencia. Identifica las tres acciones clave que, si las realizas consistentemente, podrían multiplicar tus resultados por 10. Estas son las actividades de alto rendimiento que generarán el mayor retorno de inversión.

- Prospección efectiva: Esto incluye no solo buscar nuevos clientes, sino también nutrir y calificar leads. Es importante que siempre estés buscando nuevos prospectos y, al mismo tiempo, mejorando las relaciones con los clientes existentes.

- Seguimiento constante: El seguimiento es donde muchas ventas se pierden. Tienes que ser persistente, pero de una manera profesional y estratégica. Asegúrate de mantenerte presente en la mente del cliente sin ser invasivo.

- Cierre potente: Lo que lleva a la venta final. Utiliza técnicas de cierre que estén alineadas con el cliente y sus necesidades. No te conformes con un "no" si sabes que puedes dar ese extra para que la venta se concrete.

Al concentrarte en estas tres áreas y hacerlas de manera consistente y eficiente, estarás maximizando tu productividad y tus resultados.

2. Maximiza tu eficiencia, no tu esfuerzo

Como mencioné antes, la mentalidad 10x no se trata de trabajar más horas, sino de ser más eficiente. Esto implica optimizar tu tiempo y energía, y utilizar tu día de manera más inteligente. Un vendedor que trabaja 8 horas al día haciendo lo mismo que todos los demás, probablemente obtendrá resultados promedio. Pero un vendedor 10x, que optimiza esas 8 horas y se concentra en lo que realmente importa, obtendrá resultados exponenciales.

Una de las formas de hacer esto es delegar tareas que no aportan valor directo a las ventas. Si puedes, delega todo lo que no esté directamente relacionado con la generación de ingresos, como la administración o tareas repetitivas. Enfócate solo en lo que genera resultados.

Los vendedores 10x no son simplemente personas que tienen habilidades excepcionales; son personas que tienen hábitos excepcionales.

Aquí te dejo algunos hábitos clave que debes adoptar si quieres alcanzar esa mentalidad de ventas 10x:

- Visión clara y objetivos definidos: La visión es lo que te mantiene enfocado. Define metas claras y, más importante aún, visualiza constantemente el éxito. La visualización es un hábito poderoso que los vendedores 10x utilizan para mantenerse enfocados y motivados.

- Enfoque en el cliente: Los mejores vendedores son aquellos que realmente entienden a sus clientes. No solo vendes un producto o servicio; estás vendiendo una solución a un problema o una mejora en la vida de tu cliente. La verdadera venta 10x comienza con una relación genuina.

- Aprendizaje continuo: El mundo de las ventas está en constante evolución, por lo que es fundamental que inviertas en ti mismo y en tu educación. Los vendedores 10x se dedican a aprender siempre algo nuevo, ya sea sobre nuevas técnicas de ventas, psicología del cliente o tendencias del mercado.

Imagina que ya has adoptado la mentalidad 10x. Ahora, ¿cómo puedes estructurar tu día, tu proceso de ventas y tus estrategias para multiplicar por 10 tus resultados? Aquí te dejo la fórmula 10x:

1. Multiplica tu esfuerzo: El primer paso es aumentar tu volumen de prospectos. Si actualmente estás haciendo 10 llamadas al día, aumenta ese número a 50. Si haces 3 visitas a la semana, busca hacer 15. No significa trabajar más horas, sino hacer más de lo que ya estás haciendo, solo que de manera más estratégica.

2. Mejora la calidad de tus interacciones: La calidad siempre debe superar a la cantidad. Aumentar el

volumen de ventas también implica mejorar la calidad de tus interacciones con los clientes. La personalización, la atención a los detalles y la escucha activa son claves.

3. Cierra más rápido: Reduce el tiempo entre la primera interacción y el cierre de la venta. Los vendedores 10x no se demoran demasiado en tomar decisiones; entienden que el tiempo es valioso y lo aprovechan. Presta atención a los indicios de compra y cierra más rápido sin apresurar a tu cliente.

4. Multiplica tus fuentes de ingresos: Una vez que domines el proceso de ventas, busca maneras de expandir tu alcance. Esto podría ser a través de ventas cruzadas, upselling o incluso crear un programa de referidos. Aprovecha tu base de clientes actual para generar nuevas oportunidades.

La diferencia entre un vendedor promedio y un vendedor 10x es que el primero se detiene en el primer obstáculo, mientras que el segundo sigue adelante sin importar los rechazos o los obstáculos. La persistencia es clave para alcanzar el éxito, y los vendedores 10x no se rinden fácilmente. De hecho, el no, es solo un peldaño más en su camino hacia el sí.

Una de las claves del éxito de los vendedores 10x es la acción masiva. Es la habilidad de tomar decisiones rápidas, actuar sin dudar y seguir adelante, aunque las circunstancias no sean perfectas. Si quieres resultados espectaculares, debes estar dispuesto a hacer cosas extraordinarias.

Maximizar tus ventas por 10 no es solo una cuestión de ganar más dinero. Es una cuestión de cambiar tu vida. La mentalidad 10x es un enfoque completo hacia el éxito en ventas, pero también hacia el éxito personal. Esta filosofía no solo te ayudará a vender más, sino también a tener una vida más exitosa y satisfactoria.

Para hacerlo, necesitas cambiar tu forma de pensar, adoptar nuevas estrategias, aprender constantemente, actuar con audacia y mantenerte persistente. La venta 10x no es solo un objetivo, es una manera de vivir. Y si aplicas este enfoque de manera disciplinada, verás que tus resultados no solo aumentarán, ¡se multiplicarán por 10!

Capítulo 6: Fidelización – El secreto del éxito a largo plazo

En las ventas, el secreto del éxito a largo plazo no está en encontrar nuevos clientes una y otra vez, sino en mantener y cultivar relaciones duraderas con los clientes existentes. Si bien la adquisición de nuevos clientes es crucial, la fidelización es el verdadero motor del crecimiento sostenido de tu negocio. Es mucho más costoso conseguir un cliente nuevo que mantener a los que ya tienes. Así que, si no estás invirtiendo tiempo, esfuerzo y recursos en fidelizar a tus clientes, estás perdiendo una de las mayores oportunidades para tu éxito a largo plazo.

La fidelización no es un esfuerzo único. Es un proceso continuo de entender las necesidades de tus clientes, brindarles un servicio excepcional y crear una relación de confianza y valor mutuo. Los clientes que se sienten valorados y escuchados son los que vuelven una y otra vez. Pero ¿cómo logras todo esto? A lo largo de este capítulo, descubrirás las estrategias, principios y acciones concretas que puedes implementar para convertir a tus clientes en verdaderos seguidores de tu marca.

Primero, hablemos de por qué fidelizar clientes es más importante que captar nuevos. Hay tres razones claves para esto:

1. Costos más bajos: Como mencionamos antes, es mucho más barato retener a un cliente que conseguir uno nuevo. Según varias estadísticas de marketing, retener a un cliente existente es entre 5 y 25 veces más barato que adquirir uno nuevo. Además, los clientes leales están más dispuestos a probar nuevos productos, lo que puede aumentar tus ventas sin tener que atraer nuevos prospectos.

2. Mayor valor del cliente a lo largo del tiempo: Un cliente recurrente tiende a gastar más dinero a lo largo de su relación con tu marca. Un cliente leal se convierte en un cliente de mayor valor, y esto es lo que genera el verdadero crecimiento a largo plazo.

3. Publicidad gratuita: Los clientes satisfechos no solo regresan, sino que también se convierten en tus mejores embajadores de marca. Un cliente leal hablará bien de ti, recomendándote a amigos, familiares y colegas, lo que te ahorra los costos de publicidad. El boca a boca sigue siendo una de las formas más poderosas y efectivas de marketing.

Para fidelizar clientes de manera efectiva, debes centrarte en algunos pilares fundamentales. Aquí te los explico:

1. Excelencia en el servicio al cliente

El servicio al cliente es, sin duda, el pilar principal de la fidelización. Si tu cliente tiene una experiencia positiva contigo, es mucho más probable que vuelva. Pero si su experiencia es negativa, incluso por una pequeña falla, es probable que busque a tu competencia. Por eso, la excelencia en el servicio debe ser tu primer objetivo.

Esto no se trata solo de atender a los clientes de manera rápida, sino de ofrecer un servicio personalizado y atento. Asegúrate de escuchar activamente las necesidades de tus clientes y busca siempre superar sus expectativas. Si tus clientes sienten que te importa, que estás genuinamente interesado en su bienestar y que estás dispuesto a hacer un esfuerzo adicional, eso creará una lealtad duradera.

2. Comunicación constante y efectiva

La fidelización no solo se logra cuando el cliente compra algo, sino también cuando mantienes una comunicación constante. No se trata solo de enviar un correo electrónico una vez al mes o de llamar cuando necesitas algo. Se trata de construir una relación continua.

Esto incluye desde el primer momento en que un cliente interactúa contigo, hasta mucho después de que haya realizado la compra. La comunicación postventa es clave. Tienes que asegurarte de que tu cliente esté satisfecho con su compra, ofrecerle soporte si lo necesita y mantenerlo informado sobre novedades, promociones y productos nuevos.

Además, la personalización es fundamental en la comunicación. En lugar de enviar mensajes genéricos, intenta hacer sentir a tu cliente que cada mensaje es hecho a medida para él. Esto no solo fomenta la lealtad, sino que fortalece tu relación con ellos.

3. Crear una experiencia única para el cliente

La experiencia del cliente no comienza en el momento de la compra, sino mucho antes. Desde el primer contacto hasta el servicio postventa, todo lo que hagas debe ser parte de una experiencia que haga que el cliente se sienta especial.

Esto incluye ofrecer un ambiente amigable, servicios de alta calidad, facilidad para realizar compras y, por supuesto, un seguimiento excepcional. Piensa en maneras en las que puedas sorprender a tus clientes con detalles inesperados, como agradecimientos personalizados o pequeñas muestras de aprecio.

4. Recompensar la lealtad

Uno de los enfoques más poderosos para fidelizar clientes es premiar su lealtad. Los programas de fidelización no solo benefician a los clientes, sino que también benefician a tu negocio. Los programas de puntos, descuentos exclusivos o beneficios especiales para clientes frecuentes son formas efectivas de hacer que los clientes sientan que su lealtad tiene valor.

No importa si tu negocio es grande o pequeño, un programa de fidelización bien estructurado puede multiplicar tus ventas y fortalecer tus relaciones con los clientes. Lo importante es que los beneficios sean atractivos y que se perciban como un valor adicional al servicio que ya están recibiendo.

En un mercado competitivo, fidelizar a tus clientes no solo mejora tu rentabilidad, sino que también te protege contra la competencia. Un cliente fiel no solo vuelve a comprar, sino que también te defiende cuando un competidor entra en el mercado. La lealtad de tus clientes es una barrera de entrada para la competencia. Mientras más leal sea tu base de clientes, más difícil será para los competidores arrebatarte esos clientes.

El secreto aquí está en mantener tu propuesta de valor fuerte y clara. Si un cliente percibe que tu producto o servicio tiene un valor único que no puede obtener en otro lugar, será mucho menos probable que busque a la competencia. Además, la fidelización actúa como un escudo frente a las bajadas de precios o promociones agresivas de tu competencia. Si tus clientes están satisfechos y confiados en tu marca, no se dejarán atraer tan fácilmente.

Las claves para fidelizar a largo plazo

1. Proporciona valor continuamente: La fidelización no es un esfuerzo de una sola vez. Tienes que continuar proporcionando valor constantemente. Esto significa que debes innovar y ofrecer soluciones que sigan mejorando la vida de tus clientes.

2. Crea una comunidad: Los clientes leales no son solo compradores, son parte de una comunidad. Puedes construir esta comunidad a través de eventos exclusivos, contenido relevante y ofreciendo un espacio donde los clientes se sientan valorados.

3. Haz de la personalización tu bandera: La personalización es la clave para fidelizar a los clientes en la era moderna. No basta con simplemente tratar a tus clientes de manera generalizada. Haz que cada uno se sienta único, desde el primer contacto hasta el servicio postventa.

La fidelización es más que una táctica de ventas; es una estrategia de negocio fundamental para tu éxito a largo plazo. No subestimes nunca el poder de un cliente leal. Si trabajas en construir relaciones sólidas, tu negocio crecerá de manera constante y estable. La fidelización no solo es rentable, sino que también te convierte en un líder en tu industria.

Recuerda: el secreto del éxito a largo plazo no radica en atraer nuevos clientes de manera constante, sino en convertir a tus clientes actuales en embajadores leales de tu marca. Si lo logras, estarás en el camino correcto hacia un crecimiento continuo y sostenido.

Capítulo 7: El poder de la tecnología en las ventas

En el mundo actual, la tecnología ha transformado absolutamente la manera en que hacemos negocios. No solo ha cambiado el panorama de las ventas, sino que también ha abierto puertas para mejorar la manera en que nos relacionamos con los clientes y optimizamos nuestros procesos. Si bien el contacto humano sigue siendo crucial, la tecnología se ha convertido en un aliado indispensable para todo vendedor que quiera destacar en el mercado competitivo actual.

En este capítulo, vamos a explorar cómo el poder de la tecnología, especialmente mediante herramientas como los CRM, puede ayudarte a elevar tus ventas, optimizar tu tiempo, y mejorar la relación con tus clientes, todo mientras mantienes un enfoque más estratégico y eficiente.

El primer paso para entender cómo la tecnología puede ser tu aliada en las ventas es comprender qué es un CRM y por qué es tan importante. CRM (Customer Relationship Management) es una herramienta tecnológica que te permite gestionar las interacciones con los clientes de manera organizada, eficiente y estratégica. Los CRM no solo sirven para almacenar datos de clientes, sino que también permiten a los vendedores entender, predecir y optimizar cada punto de contacto con los clientes a lo largo de su viaje de compra.

Un CRM eficaz te permite hacer seguimiento de cada interacción con los clientes, desde el primer contacto hasta el cierre de la venta y más allá. ¿Sabías que un CRM bien implementado puede aumentar las ventas hasta un 29%? Es un dato impactante, pero verdadero. La clave está en usar la tecnología para maximizar tus oportunidades de ventas mientras te ahorras tiempo y te concentras en lo que realmente importa: construir relaciones duraderas con los clientes.

El uso de un CRM puede parecer una opción secundaria para algunos, pero es uno de los mayores secretos de las empresas de ventas exitosas. ¿Por qué? Aquí te explico los beneficios más relevantes:

1. Organización de la información: Uno de los mayores desafíos que enfrentan los vendedores es la organización de los datos de los clientes. A menudo, los vendedores tienen una base de datos dispersa y poco accesible. Un CRM centraliza toda la información de tus clientes en un solo lugar, lo que te permite acceder a los detalles relevantes en tiempo real, sin tener que perder tiempo buscando en distintas fuentes.

2. Automatización de procesos: Los CRM no solo almacenan datos, sino que también automatizan muchas tareas. Desde recordatorios de seguimiento hasta campañas de correo electrónico automatizadas, un CRM te ayuda a eliminar el trabajo repetitivo y a enfocarte en lo que realmente importa: cerrar ventas y construir relaciones.

3. Mejor experiencia para el cliente: Usar un CRM te permite conocer mejor a tus clientes. Gracias al almacenamiento de datos como preferencias, historial de compras, quejas previas, interacciones pasadas, etc., puedes personalizar cada interacción. Esto no solo mejora la relación con el cliente, sino que también aumenta la satisfacción, lo cual es fundamental para la fidelización.

4. Análisis y toma de decisiones basada en datos: La ventaja más poderosa de un CRM es su capacidad para proporcionarte informes detallados sobre el rendimiento de tus ventas. ¿Quiénes son tus clientes más rentables? ¿Qué campañas de marketing están funcionando mejor? Con la información correcta a tu alcance, puedes tomar decisiones más inteligentes y basadas en datos.

Un CRM tiene un impacto directo en tus resultados de ventas. ¿Cómo? Te permite gestionar de manera efectiva cada etapa del ciclo de ventas. Desde el primer contacto con un cliente potencial, pasando por el seguimiento de las oportunidades, hasta el cierre exitoso de la venta, un CRM te guía y te recuerda los pasos clave que debes seguir para aumentar las probabilidades de éxito.

Piensa en un CRM como tu asistente de ventas personal, siempre disponible para recordarte qué hacer a continuación, priorizar tus prospectos más calientes, y asegurarse de que no pierdas ninguna oportunidad importante. En lugar de pasar tiempo buscando información, puedes dedicar ese tiempo a construir relaciones genuinas y a hacer crecer tu negocio.

Existen diferentes tipos de CRM, y es crucial que elijas el que mejor se adapte a tus necesidades y objetivos. A continuación, te menciono los tres tipos principales:

1. CRM operativo: Este tipo de CRM está diseñado para automatizar tareas repetitivas y para gestionar las interacciones diarias con los clientes. Ayuda a optimizar los procesos de ventas, como la segmentación de clientes, el seguimiento de

actividades, la gestión de oportunidades, y la automatización del marketing.

2. CRM analítico: Este tipo de CRM se enfoca más en el análisis de datos. Su principal objetivo es recopilar y analizar datos para mejorar la toma de decisiones estratégicas. Si deseas comprender mejor a tus clientes y hacer crecer tu negocio a través de la segmentación, este tipo de CRM es esencial.

3. CRM colaborativo: Este CRM se centra en mejorar la colaboración entre los miembros de tu equipo de ventas. Permite que diferentes miembros de un equipo compartan información y se mantengan alineados sobre el progreso de cada cliente, lo que facilita la gestión conjunta de cuentas y oportunidades.

Seleccionar el CRM adecuado es una de las decisiones más importantes que tomarás en tu carrera de ventas. No todos los CRM son iguales, y lo que funciona para una empresa puede no ser adecuado para la tuya. Aquí tienes algunos factores clave que debes considerar:

- Facilidad de uso: La herramienta debe ser intuitiva y fácil de navegar. No quieres perder tiempo aprendiendo a usarla. La idea es que un CRM te ahorre tiempo, no que te lo haga perder.

- Integración con otras herramientas: Asegúrate de que el CRM se integre bien con las herramientas que ya estás utilizando, como el correo electrónico, las plataformas de redes sociales, o los sistemas de facturación.

- Escalabilidad: A medida que tu negocio crezca, el CRM debe poder adaptarse a tus nuevas necesidades. Escoge una herramienta que se pueda escalar para seguir siendo útil a largo plazo.

Un CRM no es solo una base de datos, es una herramienta estratégica. Aquí te dejo algunas recomendaciones para sacarle el máximo provecho a tu CRM:

1. Segmenta a tus clientes: Usa el CRM para crear segmentos de clientes basados en comportamientos, necesidades y características específicas. Esto te permitirá dirigir campañas más personalizadas y efectivas.

2. Automatiza el seguimiento: No dejes de hacer el seguimiento a tus clientes. Configura recordatorios y automatizaciones para enviar correos electrónicos o hacer llamadas en los momentos clave del ciclo de ventas.

3. Haz un seguimiento constante de las métricas: Revisa constantemente las métricas y los informes que el CRM genera. Esto te permitirá ajustar tu estrategia y maximizar tus resultados.

En el mundo actual de ventas, la tecnología es más que una ventaja competitiva, es una necesidad. Y el CRM es la herramienta que puede transformar tu negocio. No subestimes el poder de los datos, y usa la tecnología para conocer, entender y servir mejor a tus clientes. Recuerda: tu éxito depende de la relación que construyas con tus clientes. Así que no esperes más, adopta la tecnología y lleva tus ventas al siguiente nivel.

Capítulo 8: Vender en tiempos difíciles

En la vida y en los negocios, no siempre todo va como planeamos. Habrá momentos en que el mercado se contrae, las incertidumbres crecen, y las ventas parecen escasear. Pero, ¿qué ocurre cuando enfrentamos tiempos difíciles? ¿Cómo logramos mantenernos firmes y seguir vendiendo cuando todo parece estar en nuestra contra?

Es precisamente en esos momentos cuando se ponen a prueba las habilidades y la mentalidad de un verdadero vendedor. No hay un vendedor excepcional que no haya pasado por dificultades, pero lo que diferencia a los grandes vendedores del promedio es cómo enfrentan la adversidad y se adaptan. Este capítulo se dedica a ti, a prepararte para esos tiempos difíciles, a ayudarte a sostener tu mentalidad positiva y usar tus recursos de manera estratégica para seguir avanzando, sin importar cuán desafiantes se pongan las circunstancias.

Vender en tiempos difíciles empieza en tu mentalidad. Es imposible vender bien si tu mente está llena de miedos o dudas. Cuando el mercado está en crisis o la competencia es más feroz que nunca, la resiliencia mental se vuelve tu mayor activo. Es fácil rendirse, pero los que perseveran son los que siempre salen ganando a largo plazo.

Uno de los mayores errores que cometen los vendedores en tiempos de incertidumbre es ceder al pesimismo. Cuando los mercados se contraen, cuando las compras bajan y las decisiones de compra se vuelven más difíciles, es fácil caer en la desesperación y pensar que no hay oportunidades. Pero esto es un error fatal.

La mentalidad de abundancia es clave. No importa cuán difícil se pongan las cosas, siempre hay oportunidades escondidas en cada crisis. La pregunta es, ¿estás dispuesto a encontrarlas?

El mercado cambia constantemente, y especialmente en tiempos difíciles. Las tendencias pueden volverse impredecibles, los clientes se vuelven más exigentes, y los competidores buscan las mismas oportunidades que tú. Por eso, la clave está en adaptarse. La flexibilidad es tu aliada. Si no te adaptas, no solo te quedas atrás, sino que quedas obsoleto.

Piensa en los grandes empresarios que han salido adelante durante crisis económicas o recesiones. Las mejores empresas no son las que simplemente sobreviven, sino las que cambian, innovan y buscan nuevas formas de conectar con los clientes.

Si eres un vendedor de productos físicos, por ejemplo, es posible que necesites cambiar tu enfoque hacia ofrecer servicios o soluciones adicionales. Si eres un vendedor de servicios, quizás debas pensar en nuevas maneras de ofrecer valor agregado o modificar tu paquete de ofertas para ajustarlo a la nueva demanda del mercado.

En tiempos difíciles, los clientes también están pasando por momentos difíciles. Ellos, al igual que tú, están buscando soluciones para mantenerse a flote. Este es el momento perfecto para enfocarte completamente en ellos. Si en tiempos normales, el vendedor tiene un enfoque de transacción, en tiempos difíciles, el vendedor debe volverse un consultor de soluciones.

Escuchar más que hablar se convierte en una regla de oro. Haz preguntas profundas, busca comprender sus miedos, deseos y limitaciones. A veces, las personas no compran productos, sino soluciones a sus problemas. En tiempos difíciles, las soluciones tienen aún más valor.

Cuando el mercado está ajustado, los clientes se vuelven más selectivos con sus compras, por lo que debes centrarte en ofrecerles lo que realmente necesitan. No se trata solo de cerrar la venta, sino de construir una relación a largo plazo, de ser una fuente confiable en tiempos inciertos. Si eres capaz de ofrecer valor real, incluso en medio de la incertidumbre, tu cliente te será fiel.

Tu propuesta de valor puede necesitar una revisión en tiempos difíciles. En circunstancias de crisis, los clientes suelen ser más cautelosos, y muchas veces las decisiones de compra se centran en priorizar lo esencial y reducir costos. ¿Cómo ajustas tu propuesta para encajar en este escenario?

Hazte esta pregunta: ¿Qué necesitan realmente mis clientes ahora? No se trata solo de ofrecer lo mismo que antes, sino de reestructurar tu oferta para adaptarte mejor a lo que la situación exige. Este es el momento para presentar tus productos o servicios no solo como una opción, sino como una necesidad imperiosa.

En tiempos difíciles, las ventajas competitivas pueden cambiar. Tal vez un cliente ya no está dispuesto a pagar por lo que pagaba antes, o tal vez el valor de tu producto ha cambiado en su percepción. Actualiza tu propuesta de manera que se adapte al nuevo contexto y la nueva mentalidad del cliente. El mensaje debe estar claro: tu oferta resuelve el problema real de tu cliente, y eso es lo que deben percibir.

Una de las cosas más difíciles de vender en tiempos difíciles es aceptar el rechazo. Si no tienes la capacidad de manejar un "no" de forma constructiva, fácilmente perderás la motivación y te quedarás estancado. Pero en realidad, cada "no" es solo un escalón más hacia el sí. Cada rechazo te acerca más a la próxima oportunidad. No te des por vencido, porque la perseverancia es una de las claves del éxito en tiempos adversos.

Recuerda que las ventas, y en general la vida, no son un camino recto. Habrá altibajos y momentos en que las cosas no saldrán como esperas. Pero si mantienes tu enfoque y sigues insistiendo, cada rechazo será solo una prueba de tu resiliencia.

Las crisis siempre ofrecen una oportunidad de creatividad. Si las ventas están bajas, ¿qué más puedes hacer para mantener el flujo de ingresos? ¿Quizás es el momento de explorar nuevas formas de promocionar tus productos o buscar mercados alternativos? Los vendedores exitosos no esperan que las oportunidades lleguen solas. Ellos crean oportunidades a través de la creatividad.

Si una estrategia no está funcionando, ajústala. Si una línea de productos no está teniendo éxito, ¿puedes reestructurarlo o venderlo de manera diferente? Es el momento de pensar fuera de la caja, de explorar nuevas formas de vender tu producto o de asociarte con otros para encontrar nuevos nichos.

El marketing digital se ha convertido en una herramienta indispensable para los vendedores que quieren sobrevivir y prosperar en tiempos difíciles. Las plataformas digitales ofrecen una gran oportunidad para conectar con tu audiencia de manera directa y personalizada.

Si no has incursionado en el marketing en redes sociales, en el correo electrónico o en el contenido digital, este es el momento para hacerlo. Las plataformas digitales te permiten crear relaciones más cercanas con tus clientes, promover tus productos y recibir retroalimentación instantánea.

Las adversidades en las ventas no se resuelven con fórmulas mágicas ni con excusas. Se resuelven con trabajo arduo, resiliencia, y una mentalidad fuerte. Recuerda, el momento de dificultad es también el momento de oportunidad.

Los tiempos difíciles pueden ser tu mayor oportunidad de crecimiento si te adaptas, perseveras, y sigues ofreciendo valor a tus clientes.

¡Levántate, adapta tu estrategia, y sigue adelante! Porque el verdadero vendedor no se detiene ante los desafíos, sino que se reinventa y sigue adelante con más fuerza que nunca.

Capítulo 9: La disciplina del vendedor campeón

La disciplina es la clave de todo vendedor exitoso. Sin ella, las mejores estrategias y habilidades no sirven de nada. Puedes tener el mejor producto, el discurso más pulido y las herramientas más innovadoras, pero si no tienes disciplina, todo esto se desvanecerá con el tiempo. La disciplina es lo que separa a los buenos vendedores de los campeones, a los que logran resultados en el corto plazo de aquellos que construyen una carrera duradera y exitosa en ventas.

¿Qué hace a un vendedor campeón? No es solo su habilidad para cerrar ventas ni su capacidad para generar oportunidades. Un vendedor campeón tiene algo que los demás no tienen: consistencia, enfoque y, sobre todo, disciplina. Es fácil caer en la tentación de hacer solo lo que se siente bien, lo que es cómodo o lo que es fácil. Pero el verdadero vendedor, el que sobresale, hace lo que tiene que hacer incluso cuando no tiene ganas de hacerlo. Es esa capacidad de actuar, día tras día, de forma constante lo que marca la diferencia.

Todo gran vendedor tiene en su arsenal una serie de hábitos diarios que le permiten mantenerse en la cima. No es suerte, ni magia, es la disciplina lo que lo lleva a alcanzar el éxito. Los campeones no esperan que las oportunidades lleguen solas. Ellos crean oportunidades a través de la disciplina.

La disciplina en las ventas no es solo trabajar más, sino trabajar de manera más inteligente. Comienza con pequeños pasos. Por ejemplo, ¿cómo te organizas al comenzar tu día? Los grandes vendedores tienen una rutina matutina que les da energía y enfoque para enfrentar el día con optimismo. Ya sea revisar tus metas, meditar o hacer ejercicio, lo que importa es que tomes acciones intencionadas que te preparen para el éxito. La disciplina se construye día tras día, con acciones consistentes que, con el tiempo, se transforman en resultados sobresalientes.

La planificación es una de las áreas más importantes de la disciplina. Un vendedor que se dedica a planificar su día, semana y mes tiene un camino más claro hacia el éxito. Tómate el tiempo para establecer objetivos claros y divide estos objetivos en tareas diarias. No puedes esperar resultados extraordinarios si no tienes una dirección clara.

En el mundo moderno, estamos rodeados de distracciones. El teléfono, las redes sociales, las interrupciones en el trabajo... todo esto puede alejarte de tus metas. La disciplina de un vendedor campeón radica en su capacidad para eliminar las distracciones y centrarse en lo que realmente importa: vender, servir y ayudar a sus clientes.

Una de las cosas más difíciles es mantener la concentración cuando las cosas no están saliendo bien. ¿Cuántas veces te has encontrado revisando tu teléfono, navegando sin rumbo por las redes sociales o procrastinando? La disciplina implica reconocer estas distracciones y elegir tomar acción en lo que realmente te llevará al éxito. Un vendedor disciplinado se asegura de organizar su espacio de trabajo, establecer límites de tiempo y crear un ambiente que favorezca la concentración y la productividad.

Ser disciplinado no solo significa tener una rutina, también implica tener una mentalidad de crecimiento constante. Los campeones saben que siempre hay algo más que aprender. La disciplina no solo está relacionada con las tareas diarias, sino también con el compromiso de mejorarte continuamente.

El vendedor disciplinado busca siempre maneras de afinar sus habilidades, ya sea asistiendo a entrenamientos, leyendo libros, buscando mentores o aprendiendo de sus errores. Si no estás dispuesto a aprender y mejorar constantemente, te quedarás atrás. Un vendedor campeón nunca cree que ha llegado al límite de su potencial; siempre está buscando formas de superarse.

Por ejemplo, si un cliente te rechaza, la disciplina implica reflexionar sobre qué salió mal, aprender de esa experiencia y mejorar para la siguiente vez. Cada "no" es una oportunidad para mejorar. La disciplina está directamente relacionada con tener una mentalidad de crecimiento, que te lleva a ver los desafíos como oportunidades y no como obstáculos insuperables.

Muchos vendedores se enfocan en la motivación externa, en escuchar discursos inspiradores o leer libros de autoayuda. Sin embargo, la verdadera motivación viene de adentro, y la disciplina es la fuerza que la mantiene viva. La motivación real es el compromiso con tu visión a largo plazo y con tus valores. La motivación no es algo que depende de tu entorno, sino de tu determinación.

Un vendedor que se motiva solo cuando se siente inspirado está destinado a tener un rendimiento inconsistente. Los campeones, por el contrario, están motivados por la disciplina. Se comprometen con sus metas, con su propósito y con el éxito a largo plazo, sin importar las circunstancias momentáneas.

Si bien la motivación juega un papel importante, lo que realmente marca la diferencia es el compromiso con los resultados. Un vendedor disciplinado no se conforma con lo que es fácil; se esfuerza por superarse continuamente. El compromiso es lo que lleva a un vendedor a hacer llamadas adicionales, buscar más clientes y cerrar más ventas.

Este compromiso también está relacionado con la responsabilidad personal. Si un vendedor no está logrando los resultados esperados, debe ser capaz de mirarse en el espejo y preguntarse: "¿Qué estoy haciendo mal? ¿Qué puedo mejorar?". La disciplina te obliga a ser honesto contigo mismo y a corregir tus errores en el camino.

La disciplina es un acuerdo contigo mismo. Es levantarse todos los días, sin importar las dificultades, y dar lo mejor de ti. La disciplina es la fortaleza interna que te permite no rendirte, a pesar de los obstáculos, y seguir luchando por el éxito.

Al final, la diferencia entre el éxito y el fracaso radica en la disciplina. Los vendedores exitosos no son necesariamente los más talentosos, sino los más disciplinados. La habilidad de perseverar, de mantenerte enfocado, y de hacer lo que es necesario para lograr tus objetivos es lo que define a un verdadero vendedor campeón.

Piensa en todos los obstáculos que has enfrentado hasta ahora. Todos los "no" que has recibido, todos los desafíos que has superado. Si has perseverado, si has sido disciplinado, has dado un paso más hacia el éxito. No es la suerte lo que te lleva al triunfo, sino tu capacidad para mantener la disciplina a lo largo del tiempo.

La disciplina es la llave que abre la puerta del éxito en las ventas. Sin ella, ninguna habilidad, estrategia o técnica será suficiente. La disciplina es lo que transforma tus sueños de ventas en realidad. Para convertirte en un vendedor campeón, es esencial que cultives la disciplina como un hábito diario. Sin excusas. Sin procrastinación. Solo compromiso con la acción constante.

Tú, como vendedor, tienes el poder de escribir tu propia historia de éxito. La disciplina será tu guía y tu aliada en cada paso del camino. Elige hoy ser disciplinado, y mañana cosecharás los frutos de tu esfuerzo.

Capítulo 10: Motivación y resiliencia para mantenerte en la cima

Llegar a la cima es solo el primer paso, pero mantenerse ahí es lo que separa a los buenos de los verdaderos campeones. En ventas, al igual que en cualquier otro ámbito, la motivación y la resiliencia son esenciales para afrontar los desafíos y superar los obstáculos que inevitablemente aparecerán en tu camino. El éxito no es un destino, sino un viaje constante de crecimiento, adaptabilidad y, sobre todo, de fuerza mental.

Este capítulo está dedicado a dos de los pilares más importantes que permiten a los vendedores sobresalientes mantenerse en la cima: motivación y resiliencia. Ambos son vitales para enfrentarse a las adversidades, adaptarse a los cambios y seguir adelante cuando las cosas no van como esperabas.

La motivación es la energía interna que te hace salir de la cama cada mañana y trabajar por tus metas. Es el motor invisible que te impulsa a seguir adelante cuando los resultados no son inmediatos, cuando las puertas se cierran y cuando los obstáculos parecen insuperables. Pero lo que pocos saben es que la motivación no es algo que te sucede, sino algo que debes cultivar constantemente.

Un vendedor exitoso no depende de una fuente externa de motivación. No se trata de leer una cita inspiradora o de escuchar un podcast cada mañana para sentir que puedes lograrlo. La verdadera motivación viene de tu propósito y visión personal. ¿Por qué haces lo que haces? ¿Qué te impulsa a trabajar incansablemente para alcanzar tu meta? Si no tienes claro tu propósito, es fácil perder la motivación y rendirte cuando las cosas se complican.

Conectar con tu propósito es la base de una motivación sólida. Un vendedor que sabe por qué está en el negocio de ventas, que tiene claridad sobre su objetivo a largo plazo y que entiende el impacto de su trabajo, nunca pierde la motivación, incluso en los días difíciles. La motivación interna es como una llama constante que te mantiene enfocado y energizado, incluso cuando las circunstancias parecen desafiantes.

Es esencial que cada vendedor descubra su propio "por qué". Ese "por qué" es la razón profunda que te mantiene en movimiento cuando todo lo demás parece en contra. Puede ser proporcionar una mejor vida a tu familia, alcanzar la libertad financiera, o incluso tener un impacto positivo en tu comunidad. Sea cual sea tu razón, conéctate con ella cada día. Escríbela en una hoja y colócala donde la puedas ver constantemente. Permite que tu "por qué" se convierta en el motor invisible que guía cada una de tus decisiones y acciones.

Un vendedor motivado sabe que cada "no" lo acerca más al siguiente "sí", que cada reto es una oportunidad para crecer, y que cada obstáculo es una lección para mejorar.

Mientras que la motivación es el motor que te empuja a avanzar, la resiliencia es el carácter que te permite soportar los golpes y mantenerte en pie ante la adversidad. La resiliencia es la habilidad de recuperarse rápidamente de los fracasos, de las frustraciones y de las caídas. Es esa capacidad de no rendirse cuando las cosas no salen como esperabas y de aprender a adaptarte a las circunstancias.

En el mundo de las ventas, la resiliencia es crucial porque, al final del día, las ventas no siempre serán fáciles. Habrá días en los que todo se vea gris, en los que no logres cerrar ninguna venta, o en los que simplemente te enfrentes a clientes difíciles. Pero lo que diferencia a un vendedor exitoso de uno que no lo es, es su capacidad para recuperarse rápidamente de esos momentos difíciles.

La resiliencia es como un músculo: cuanto más la practicas, más fuerte se vuelve. Si estás dispuesto a ser resiliente, verás que los fracasos no son un fin, sino un comienzo. Cada "no" es una oportunidad para aprender, cada rechazo es una lección sobre cómo mejorar tu enfoque. Los campeones no se desmoronan ante la adversidad, sino que la utilizan como trampolín para saltar más alto.

El fracaso es inevitable. Si no has fallado alguna vez, probablemente no hayas salido de tu zona de confort. La clave no está en evitar el fracaso, sino en cómo respondes a él. Los mejores vendedores entienden que cada fracaso es solo un paso más en el camino hacia el éxito. Los fracasos no son una señal de que no eres lo suficientemente bueno, sino una prueba de que estás intentando y aprendiendo.

El vendedor resiliente es capaz de levantar la cabeza después de una caída, de tomar lo aprendido y de volver a intentarlo con más fuerza. No se conforma con el primer "no" ni con el primer error. Recuperarse de un fracaso no es solo cuestión de tiempo, sino de actitud. El vendedor resiliente ve el fracaso como una oportunidad para mejorar, no como una señal de derrota.

La mentalidad positiva juega un papel fundamental en la resiliencia. Los vendedores que tienen una mentalidad positiva son aquellos que encuentran soluciones en los problemas, que ven las oportunidades en lugar de los obstáculos. Mantener una mentalidad positiva no significa ignorar los problemas, sino enfrentarlos con la certeza de que siempre hay una solución.

La resiliencia también se nutre de la autoconfianza. Un vendedor que cree en sí mismo es más probable que se recupere rápidamente después de un fracaso. La autoconfianza se construye con pequeños logros, con la experiencia, y con la certeza de que el trabajo duro y la persistencia siempre traerán sus recompensas. Un vendedor resiliente nunca duda de su capacidad para salir adelante, incluso cuando las circunstancias parecen difíciles.

Es fácil estar motivado cuando todo va bien. Pero el verdadero reto surge cuando las ventas disminuyen, cuando los clientes no compran o cuando las circunstancias externas afectan tu desempeño. En esos momentos, es donde la resiliencia juega un papel clave. Pero para mantener la resiliencia a largo plazo, es necesario cultivar la motivación. La motivación alimenta tu resiliencia, y la resiliencia te mantiene motivado cuando las cosas se ponen difíciles.

Un vendedor que mantiene su motivación alta es capaz de superar los peores días, mientras que un vendedor que carece de resiliencia puede perder su enfoque y su energía en medio de los desafíos.

Llegar a la cima y mantenerse ahí es un desafío. Pero con la motivación adecuada y la resiliencia necesaria, puedes seguir escalando y alcanzando nuevas alturas. Si quieres tener éxito en ventas, es fundamental que desarrolles tanto tu motivación interna como tu capacidad para superar los obstáculos. La motivación te lleva al comienzo, y la resiliencia te mantiene en el camino. Juntos, forman el fundamento sobre el cual puedes construir tu éxito duradero.

Recuerda que, en ventas, no importa cuántas veces caigas, lo que importa es cuántas veces te levantas, aprendes de tus errores y sigues adelante con más determinación que antes. Solo con motivación y resiliencia podrás mantenerte en la cima y continuar alcanzando nuevos niveles de éxito.

Capítulo 11: Historias de ventas memorables

Las ventas, al igual que la vida, están llenas de momentos inolvidables. Algunos de esos momentos llegan con una gran victoria: una venta que cambió tu carrera, un cierre que te hizo sentir que finalmente habías llegado a tu meta. Otros son más sencillos, pero igualmente poderosos: un cliente satisfecho, una relación construida sobre confianza y un negocio que crece de la mano de quienes confían en tu producto. Estas historias de ventas no solo representan el éxito tangible, sino que también nos enseñan lecciones que pueden transformar nuestras prácticas y creencias.

En este capítulo, quiero compartir contigo varias historias memorables que ilustran tanto los triunfos como los desafíos en el mundo de las ventas. Cada historia es una lección en sí misma, una oportunidad para aprender cómo los grandes vendedores se enfrentan a los obstáculos, cómo crean conexiones significativas y, lo más importante, cómo aprovechan esas oportunidades para transformar un "no" en un "sí".

La historia del vendedor incansable: de un "no" a un "sí" rotundo

Carlos era un vendedor promedio en una empresa de tecnología. Su enfoque no era el mejor, pero siempre cumplía con su cuota mensual. Sin embargo, un día se encontró con un cliente potencial que le parecía complicado. Este cliente, un pequeño negocio en expansión, había sido resistente al cambio y ya había probado otras soluciones sin éxito. Al principio, el cliente le dijo un rotundo "no" a Carlos, y parecía que la oportunidad se había perdido. Pero Carlos no se dio por vencido. En lugar de aceptar ese "no" como respuesta, empezó a investigar más a fondo el negocio de su cliente y sus necesidades.

En sus siguientes visitas, no solo hizo preguntas más inteligentes, sino que también ofreció soluciones personalizadas que abordaban los problemas específicos del cliente. En lugar de vender simplemente el producto, Carlos le mostró cómo su solución podría transformar su negocio. Un mes después, el cliente decidió probar el producto, y a los seis meses, estaba tan satisfecho que refirió a tres de sus colegas. Lo que comenzó como un "no" rotundo se transformó en una relación de confianza a largo plazo.

Lección clave: La perseverancia y la adaptabilidad son fundamentales en las ventas.

Carlos no aceptó la primera negativa. Fue su capacidad para adaptarse y entender mejor las necesidades del cliente lo que lo llevó a un éxito duradero. Aprendió a escuchar más que a hablar, a personalizar sus ofertas y a no rendirse tras un primer rechazo.

La historia de Ana: creando una conexión emocional que cerró la venta

Ana era una consultora de servicios financieros en una firma importante. Se encontraba con muchos clientes potenciales que, aunque interesados en sus servicios, se mostraban reacios a comprometerse. Ana sabía que las cifras y los números no siempre son suficientes para cerrar una venta. Así que decidió centrarse en algo más profundo: la relación humana.

Una de sus clientes más importantes era Mariana, una mujer de negocios que estaba pasando por una etapa difícil en su empresa. Durante la reunión inicial, Ana se dio cuenta de que, aunque Mariana estaba interesada en lo que ofrecía, sus verdaderas preocupaciones no eran las tasas de interés ni los productos específicos, sino la seguridad de su futuro financiero y el de su familia. Ana se tomó el tiempo necesario para escucharla, entender su situación personal y, sobre todo, mostrar empatía. No le vendió el producto más caro ni el más complejo, sino aquel que se ajustaba perfectamente a sus necesidades y que, además, la hacía sentir segura.

Mariana firmó el contrato al final de la reunión. Años después, Ana seguiría siendo su consultora de confianza, recomendándole a su empresa, a sus amigos y a su familia.

Lección clave: Las ventas no solo se tratan de productos, sino de emociones.

Ana comprendió que las decisiones de compra están profundamente ligadas a las emociones. Crear una conexión genuina con el cliente, entender sus miedos y preocupaciones, y mostrar empatía puede ser la clave para cerrar la venta y fomentar una relación de largo plazo.

La historia de Marco: cuando el miedo al rechazo se convierte en motivación

Marco, un vendedor experimentado, siempre había sido excelente para cerrar ventas en el ámbito B2B (negocios a negocios), pero algo le faltaba: la confianza en sí mismo cuando se trataba de ventas en el mercado minorista. Al principio, tenía miedo de enfrentarse a clientes individuales, ya que sentía que su enfoque no era adecuado para ese tipo de ventas. Sin embargo, con el tiempo se dio cuenta de que este miedo era, en realidad, su mayor motivador.

En lugar de dejar que su miedo lo paralizara, Marco decidió usarlo a su favor. Comenzó a ver cada interacción con un cliente minorista como una oportunidad para mejorar y superar su propio temor. En cada visita, aplicó las técnicas que había aprendido a lo largo de los años, pero con un enfoque más cercano y personal. Al principio, sus resultados fueron lentos, pero con el tiempo, los clientes empezaron a notar su pasión y dedicación. Marco fue capaz de convertir su miedo en una fuente de energía, y pronto se convirtió en uno de los mejores vendedores en su tienda.

Lección clave: El miedo es una emoción poderosa, pero también una gran fuente de motivación.

Marco demostró que el miedo no tiene que ser un obstáculo, sino una fuerza impulsora. Los vendedores más exitosos no son aquellos que nunca sienten miedo, sino los que aprenden a usarlo como combustible para seguir adelante y mejorar.

La historia de Laura: la venta de una solución, no un producto

Laura trabajaba en una empresa que ofrecía soluciones de software para pequeñas y medianas empresas (PyMEs). A menudo se encontraba con clientes que tenían dudas sobre si realmente necesitaban una nueva plataforma para manejar sus operaciones. En lugar de centrarse en la característica del producto —como tantos vendedores hacen—, Laura decidió cambiar su enfoque y centrarse en la solución que su producto ofrecía.

Un día, visitó a un cliente potencial que estaba luchando con la gestión de inventarios. En lugar de hablar sobre el software en sí, Laura le preguntó a su cliente sobre sus dificultades diarias, cómo gestionaban su inventario y cuáles eran sus principales problemas. Después de escuchar atentamente, le mostró cómo el software no solo ayudaría a gestionar los inventarios, sino que también mejoraría la eficiencia, reduciría los costos operativos y, lo más importante, liberaría tiempo para que el cliente pudiera enfocarse en lo que realmente importaba: hacer crecer su negocio.

El cliente, que inicialmente pensaba que el software era innecesario, vio el valor de la solución propuesta y decidió implementarlo en su empresa.

Lección clave: No vendas un producto, vende una solución.

Laura entendió que las personas no compran productos; compran soluciones a sus problemas. Si puedes centrarte en lo que realmente importa para tu cliente y mostrar cómo tu oferta puede transformar su vida o negocio, las ventas serán mucho más fáciles de cerrar.

Las historias de ventas son mucho más que anécdotas. Son lecciones valiosas sobre cómo conectar con los clientes, cómo manejar las objeciones, cómo superar los rechazos y, lo más importante, cómo ofrecer un valor real. Las ventas memorables no solo te permiten ganar dinero, sino también ganar la confianza y el respeto de tus clientes. Estas historias son el reflejo de vendedores apasionados, dispuestos a aprender, adaptarse y superar sus propios límites para lograr el éxito.

Cada historia compartida aquí es una muestra de que, independientemente del reto que enfrentes, siempre hay una oportunidad para mejorar y aprender. Si logras hacer de cada venta una historia memorable, entonces habrás alcanzado el verdadero éxito en el mundo de las ventas.

Capítulo 12: Acción Masiva: Tu Plan para el Éxito en Ventas

El éxito en ventas no es un accidente. Es el resultado directo de la acción masiva, constante y enfocada. En este capítulo, te ayudaré a construir tu plan para el éxito, un plan que no solo se basa en conocimientos y estrategias, sino en acciones reales y efectivas que implementes día a día. Es un plan que te llevará a alcanzar tus metas, superar tus obstáculos y, lo más importante, mejorar continuamente tus resultados. Así que prepárate para trabajar con propósito, porque el éxito está reservado para aquellos que toman acción.

Todo lo que has aprendido hasta este momento en el libro tiene un valor inmenso. Pero todo ese conocimiento y esas técnicas son solo una guía. El verdadero poder proviene de lo que hagas con ellos. La acción es la llave maestra para abrir todas las puertas del éxito. No importa cuántos libros leas o cuántos seminarios de ventas asistas, si no tomas acción, si no implementas lo aprendido, nunca alcanzarás el nivel de éxito que deseas.

Es hora de poner en práctica lo que has aprendido. No te detengas en la teoría, no te quedes atrapado en el análisis. La mejor forma de aprender es haciendo. Así que, vamos a trazar un plan que te impulse a la acción.

Paso 1: Define tus metas claras y alcanzables

Lo primero que debes hacer es establecer metas claras. Las metas son como el destino en un viaje. Si no sabes a dónde vas, nunca llegarás a ningún lugar. Al definir tus metas, debes tener en cuenta varios aspectos:

1. Metas a corto plazo: Estos son los objetivos que puedes alcanzar en el próximo mes o trimestre. Pueden incluir el número de llamadas de ventas que realizarás cada día, el número de reuniones de ventas, o las metas de cierre de ventas semanales.
2. Metas a largo plazo: Son tus objetivos más grandes y ambiciosos, como el incremento del volumen de ventas anual o la expansión a nuevos mercados. Estas metas deben ser desafiantes, pero alcanzables.
3. Metas personales: ¿Por qué vendes? ¿Qué buscas lograr con tus ventas? Tal vez tu meta es mejorar tu calidad de vida, comprar una casa, viajar más, o

invertir en tu educación. Tu motivación personal debe estar alineada con tus metas profesionales.

Una vez que hayas establecido tus metas, debes escribirlas en un lugar visible, como tu escritorio, tu agenda o tu teléfono móvil. Cuando las visualices todos los días, recordarás tu propósito y estarás más motivado para alcanzarlas.

Paso 2: Planifica tus acciones diarias

Ahora que tienes claras tus metas, el siguiente paso es desglosarlas en acciones diarias. No se trata solo de pensar en grande; se trata de tomar pequeñas decisiones todos los días que te acerquen a esas grandes metas. Pregúntate: ¿Qué puedo hacer hoy para avanzar?

1. Establece tareas diarias específicas: ¿Cuántas llamadas de ventas necesitas hacer hoy? ¿Cuántos correos electrónicos necesitas enviar? ¿Cuántas reuniones o demostraciones de producto necesitas agendar? Define estas tareas con claridad.

2. Prioriza: No todas las tareas tienen el mismo nivel de importancia. Asegúrate de que estás trabajando en lo que más impacta tus resultados. Si tu tarea principal hoy es cerrar ventas, no dejes que las tareas secundarias, como ordenar tu escritorio o hacer investigaciones, te desvíen.

3. Implementa rutinas de éxito: La consistencia es clave. Establece una rutina diaria de trabajo que te ayude a crear hábitos positivos. Por ejemplo, dedica 30 minutos cada mañana a planificar tu día y enfócate en las tareas clave que te acercarán a tus metas.

Paso 3: Desarrolla hábitos de acción que te mantengan en movimiento

El éxito en ventas no ocurre de la noche a la mañana. Requiere disciplina, constancia y, sobre todo, hábitos sólidos. Los hábitos son lo que hacen que las grandes metas sean alcanzables, porque te permiten hacer las cosas sin pensarlo demasiado.

1. Despierta temprano: Muchas personas exitosas comienzan su día antes de que salga el sol. Aprovecha

las primeras horas del día para trabajar en tu desarrollo personal, leer, estudiar o planificar tus actividades.

2. Haz algo todos los días para mejorar: Ya sea leer un artículo, practicar tus habilidades de venta o hacer llamadas a nuevos prospectos, cada día debes hacer algo que te ayude a mejorar continuamente.

3. Aplica la regla de los 20 minutos: Si tienes una tarea que no te apetece, pon un temporizador y comprométete a trabajar en ella durante al menos 20 minutos. Después de ese tiempo, si aún no te motiva, puedes parar. Sin embargo, te sorprenderá cuánto puedes lograr con solo 20 minutos de enfoque total.

Paso 4: Seguimiento y ajuste continuo

El seguimiento es esencial para saber si estás avanzando en la dirección correcta. Sin medición, no hay mejora. Así que, después de implementar tu plan de acción, debes hacer un seguimiento de tus resultados y ajustar lo que sea necesario.

1. Revisa tus resultados semanalmente: Haz un análisis de tus logros cada semana. ¿Cumpliste con las metas

que te habías fijado? Si no lo hiciste, ¿por qué? ¿Qué obstáculos encontraste y cómo puedes superarlos la próxima vez?

2. Ajusta tu enfoque: Si después de un par de semanas notas que no estás obteniendo los resultados esperados, no dudes en ajustar tu estrategia. Tal vez necesitas cambiar tu enfoque, probar nuevas tácticas o mejorar tus habilidades en algún área.

3. Celebra tus logros: No olvides celebrar los pequeños éxitos. Cada cierre, cada cliente satisfecho, cada avance en tus metas es un motivo para reconocer tu esfuerzo. Estas celebraciones te darán la energía para seguir adelante.

Paso 5: Construye un sistema de responsabilidad y apóyate en otros

Es fácil caer en la trampa de pensar que puedes hacer todo tú solo. Sin embargo, la mayoría de los vendedores exitosos tienen mentores o compañeros de equipo que los ayudan a mantenerse enfocados y motivados.

1. Encuentra un mentor o coach: Un mentor puede ser alguien con más experiencia en ventas que te pueda dar consejos prácticos y ayudarte a identificar tus áreas de mejora. También puede ser alguien que te motive a mantener el enfoque y la disciplina. (Entra a www.edervillarreal/asesorventas para mayor información)

2. Forma un grupo de responsabilidad: Rodéate de personas que te desafíen a ser mejor. Un grupo de colegas o amigos que compartan tus objetivos puede ser una fuente de motivación constante y de responsabilidad mutua.

Paso 6: Mantén tu mentalidad de crecimiento

El camino hacia el éxito en ventas no es lineal. Habrá altibajos, desafíos y momentos difíciles. Es crucial que mantengas una mentalidad de crecimiento, donde cada error y cada fracaso sea una oportunidad para aprender y mejorar.

1. Ve el fracaso como aprendizaje: Cada rechazo, cada objeción, cada venta perdida debe ser vista como una oportunidad para aprender. Si no lo lograste esta vez, ¿qué puedes hacer diferente la próxima vez?

2. Persiste a pesar de todo: Las personas exitosas no son las que nunca enfrentan fracasos, sino las que siguen adelante a pesar de los obstáculos. La perseverancia es lo que finalmente separa a los ganadores de los que se rinden.

El éxito en ventas no es un destino; es un viaje constante. Tomar acción masiva todos los días te llevará a donde deseas estar. Si bien las metas son esenciales, lo que realmente marca la diferencia es tu capacidad para ejecutar, para dar un paso cada día y para seguir avanzando, sin importar los obstáculos.

Recuerda, el éxito en ventas no es algo que suceda por casualidad. Es el resultado de acciones masivas, consistentes y enfocadas. No esperes más, actúa ahora. Planifica tu día, establece tus metas y empieza a trabajar en ellas de inmediato. El camino hacia el éxito ya está frente a ti. La única pregunta es: ¿Estás dispuesto a tomar acción?

Capítulo 13: La Experiencia Memorables del Cliente y la Post-Venta: Un Viaje Continuo

En el mundo de las ventas, gran parte del enfoque se pone en la transacción inicial, el momento en que el cliente decide comprar. Sin embargo, lo que muchos vendedores y empresas no se dan cuenta es que la verdadera magia sucede después de esa compra. Es en la post-venta donde se forjan las relaciones duraderas y la fidelidad. Las experiencias memorables que se brindan después de que se ha cerrado la venta pueden hacer la diferencia entre un cliente ocasional y un embajador fiel de la marca.

Después de que se ha cerrado una venta, la mayoría de las empresas se relajan. El cliente se va, el pedido se ha hecho, y el trabajo está "hecho". Pero, en realidad, esa es solo una parte del proceso. El verdadero trabajo comienza después de la transacción, cuando se trata de construir sobre lo que ya se ha logrado. Muchos vendedores dejan la post-venta en segundo plano, pensando que una vez que se ha cerrado la venta, su tarea ha terminado. Pero esto es un gran error.

La post-venta es, en muchos aspectos, el terreno fértil donde se puede sembrar la semilla de la lealtad y la satisfacción a largo plazo. Es en este punto donde el cliente decide si volverá a comprar, si recomendará el producto o servicio a otros y si mantendrá una relación constante con la empresa. Un vendedor que se olvida de la post-venta está perdiendo una oportunidad clave para crear una experiencia completa, para superar las expectativas del cliente y construir una relación duradera.

La post-venta no debe ser vista solo como un proceso transaccional, sino como una extensión de la experiencia global del cliente. El proceso de fidelización comienza en el momento en que se cierra la venta, no cuando se inicia. Aquí es donde puedes afianzar la relación y demostrar el valor de lo que has vendido, asegurándote de que el cliente esté completamente satisfecho con su compra.

Una experiencia post-venta positiva puede significar la diferencia entre un cliente que se siente olvidado y uno que se convierte en un defensor leal de tu marca. Las personas recuerdan cómo fueron tratadas después de la venta, y si esa experiencia fue positiva, es probable que regresen en el futuro y que recomienden tu producto o servicio a otros.

Para hacer que la post-venta sea memorable, es fundamental que como vendedor sigas estas estrategias clave:

1. Seguimiento proactivo: No esperes a que el cliente te contacte si tiene un problema o pregunta. Haz un seguimiento justo después de la compra, ya sea a través de un correo electrónico, una llamada telefónica o un mensaje personalizado. Este seguimiento no debe sentirse como una venta adicional, sino como una forma genuina de asegurarte de que el cliente esté satisfecho.

2. Asegúrate de que el cliente esté utilizando el producto correctamente: Muchas veces, los clientes compran productos y luego no saben cómo sacarle el máximo provecho. Proporciona instrucciones claras, guías, tutoriales o incluso asesoramiento personal para ayudarles a aprovechar al máximo lo que han adquirido.

3. Solicita retroalimentación: Pregunta cómo fue su experiencia, qué les gustó y qué podría mejorarse. Esta retroalimentación no solo te ayudará a mejorar, sino que también hará que el cliente sienta que sus opiniones son valoradas. Si un cliente sabe que su voz importa, se sentirá más conectado con la marca.

4. Ofrece un valor agregado: No dejes que el contacto con el cliente se limite solo a los problemas o quejas. Ofrece contenido de valor, consejos útiles o incluso promociones exclusivas para clientes anteriores. Esto crea un vínculo más allá de la transacción inicial y genera confianza.

5. Crea un programa de fidelización: Premia a tus clientes leales con descuentos, productos exclusivos o beneficios especiales. Esto no solo hace que el cliente se sienta apreciado, sino que también lo motiva a regresar y comprar más.

6. Responde rápidamente a problemas o quejas: Si el cliente tiene algún problema, asegúrate de abordarlo de manera rápida, eficiente y con una actitud positiva. La forma en que resuelves los problemas es una gran oportunidad para convertir una mala experiencia en algo positivo.

Un cliente que se siente bien cuidado después de la compra puede convertirse en el mejor vendedor de tu empresa. Si un cliente tiene una experiencia post-venta increíble, es probable que hable sobre ella a amigos, familiares y colegas. Las recomendaciones personales son una de las formas más poderosas de marketing, ya que los consumidores confían más en las opiniones de personas que conocen que en cualquier otra forma de publicidad.

Convertir a un cliente en un embajador de marca no es un proceso que termine cuando entregas el producto. Todo lo contrario. Es un proceso continuo, que se construye a través de una atención post-venta constante y una experiencia que supere las expectativas. Si puedes lograr que tus clientes se conviertan en defensores leales, entonces estarás generando ventas adicionales sin esfuerzo, simplemente porque tus clientes están dispuestos a recomendarte a otros.

Recuerda, la post-venta no debe ser vista como algo aislado, sino como un proceso continuo que alimenta el ciclo de la fidelización. Un cliente satisfecho es un cliente que volverá, pero un cliente que se siente apreciado y atendido es un cliente que se convertirá en leal. La fidelización es un trabajo constante y requiere de esfuerzos sostenidos. Sin embargo, este trabajo siempre será más fácil si has creado una experiencia memorable desde el principio, que va más allá de la venta inicial y muestra un compromiso genuino con la satisfacción y el bienestar del cliente.

Si dejas que la post-venta sea un proceso aislado, perderás una oportunidad valiosa. En cambio, si la ves como una extensión natural de tu relación con el cliente, podrás maximizar no solo la satisfacción, sino también las oportunidades de ventas futuras y construir relaciones a largo plazo que sigan generando resultados.

La post-venta es un área a menudo descuidada, pero si la manejas correctamente, puede ser tu mejor herramienta para generar lealtad y mejorar tus ventas a largo plazo. No subestimes nunca el poder de cuidar a tus clientes después de la venta. Cuando se sienten respaldados y bien atendidos, se convierten en tus mayores aliados. Y recuerda: cada cliente satisfecho es una oportunidad para hacer crecer tu negocio y dejar un legado de ventas excepcionales. ¡Haz de la post-venta una prioridad y verás cómo tus ventas alcanzan nuevas alturas!

Capítulo Final: Creando Experiencias Memorables: De la Pre-Venta a la Post-Venta

La venta no es simplemente un intercambio de dinero por un producto o servicio. Es mucho más que eso. La verdadera clave del éxito en ventas radica en crear experiencias memorables para tus clientes en cada etapa del proceso, desde la pre-venta hasta la post-venta. Esta es la forma más poderosa de construir relaciones duraderas, generar fidelización y asegurarte de que los clientes no solo compren una vez, sino que regresen una y otra vez, recomendándote a otros.

Antes de que siquiera pienses en realizar una venta, el primer paso fundamental es la pre-venta. En este periodo, estás construyendo una base sólida para lo que vendrá después. Aquí es donde puedes realmente captar la atención de tu cliente potencial, generar confianza y empezar a diseñar una experiencia inolvidable que los haga elegirte.

1. Conocer al cliente desde el inicio: La base de cualquier experiencia memorable comienza con el entendimiento profundo de tu cliente ideal. Saber quiénes son, qué necesitan, qué desean y qué

problemas enfrentan es el primer paso para ofrecerles algo verdaderamente valioso. Cuanto más conozcas a tu cliente, más fácil será personalizar la experiencia de venta para satisfacer sus expectativas de manera sobresaliente.

2. Generar valor antes de vender: En la pre-venta, no se trata solo de hacer una oferta. Se trata de generar valor de manera que el cliente vea que estás dispuesto a invertir en su bienestar incluso antes de que se decida a comprarte algo. Esto podría ser a través de contenidos educativos, demostraciones de producto, o simplemente escuchando atentamente las necesidades de tus clientes. Crear valor es lo que marca la diferencia entre un vendedor y un consultor genuino que busca ayudar.

3. Expectativa: Las expectativas juegan un papel clave en la experiencia memorable. Si un cliente llega a tu puerta con la idea de que solo comprará algo más, es posible que no se sienta tan emocionado con la compra. Pero si logras que el cliente sienta que está a punto de vivir una experiencia única o de resolver una necesidad importante, el éxito de la venta está casi garantizado. Cada interacción en esta fase debe sorprender al cliente y elevar sus expectativas. Esto es lo que convertirá una venta común en algo memorable.

Una vez que el cliente está listo para comprar, la venta en sí misma debe ser un proceso fluido que continúe con la creación de una experiencia única. Durante este punto, ya no se trata solo de realizar una transacción. Tu tarea es ofrecer una experiencia transformadora que supere las expectativas del cliente.

1. Vende soluciones, no productos: En lugar de enfocarte solo en las características del producto, vende la solución que tu producto o servicio representa para el cliente. Esto transforma la venta en una experiencia emocional que conecta directamente con el cliente. Los beneficios que ofreces deben ser claros y palpables, mostrando cómo tu oferta resolverá sus problemas o mejorará su vida. Si logras que el cliente vea esto, la experiencia se transforma en algo mucho más profundo que una simple compra.

2. Humaniza la venta: Las personas compran a personas, no a empresas. Durante el proceso de venta, es fundamental que te conectes emocionalmente con el cliente, escuches sus dudas y le brindes confianza. Una relación humana y auténtica durante el proceso de venta garantiza que el cliente sienta que está siendo atendido, no solo como un número, sino como un ser humano con necesidades y expectativas únicas.

3. Supera sus expectativas de inmediato: Una vez que el cliente ha tomado la decisión de comprar, tu objetivo es ir más allá de sus expectativas. Esto podría ser agregar valor extra, ofrecer algo adicional que no esperaba, o simplemente asegurar que su experiencia de compra sea tan cómoda y placentera como sea posible. La clave está en exceder las expectativas y convertir ese momento en un recuerdo positivo y memorable.

La post-venta es quizás la fase más crítica en la creación de una experiencia memorable, pero es una fase que muchas empresas olvidan o dejan de lado. Después de la venta, el cliente no debe sentirse como si estuviera solo, sin apoyo. Al contrario, en este momento, la relación debe fortalecerse y profundizarse para asegurarte de que el cliente se convierta en un embajador de tu marca.

1. Seguimiento genuino: El seguimiento es esencial para garantizar que el cliente esté contento con su compra. Este seguimiento no debe ser un simple mensaje automatizado o una llamada genérica, sino un contacto genuino donde demuestres que realmente te importa su satisfacción. Este es un momento clave para reforzar

la experiencia que el cliente tuvo con tu producto o servicio.

2. Solicitar retroalimentación: Invitar a los clientes a dar su opinión sobre el producto o servicio es un paso importante en la post-venta. Además de ser una excelente manera de mejorar, esta acción demuestra que valoras su perspectiva y que quieres crecer a partir de sus comentarios. La retroalimentación también refuerza la relación y crea una experiencia de colaboración.

3. Crear un sentido de comunidad: La post-venta también es una oportunidad para fortalecer la relación al involucrar al cliente en una comunidad. Puedes ofrecer acceso a eventos exclusivos, programas de lealtad, o incluso proporcionarles contenido de valor que les ayude a sacar el máximo provecho de su compra. Esta sensación de ser parte de algo más grande convierte la experiencia en algo continuo, no en un proceso que termina con la entrega del producto.

4. Atención post-venta personalizada: No se trata solo de resolver problemas. Se trata de cuidar al cliente de manera personalizada, ofreciendo asistencia que exceda lo esperado. Si un cliente tiene una duda o inconveniente, atenderlo rápidamente y de manera personalizada puede transformar una queja en una oportunidad para fortalecer la lealtad y la relación.

5. Fidelización a largo plazo: En esta fase, lo que importa es que tu cliente vuelva a comprarte. Para lograr esto, no basta con que el cliente se sienta satisfecho una vez. Tienes que seguir ofreciéndole experiencias que lo hagan sentir único, apreciado y entendido. Un programa de fidelización bien diseñado, un trato continuo y un constante valor agregado son lo que te garantizarán que tu cliente regrese.

Las experiencias memorables no ocurren por azar. Son el resultado de un proceso intencional y bien ejecutado que abarca todas las etapas del proceso de ventas. Desde el primer contacto hasta mucho después de la venta, cada fase es una oportunidad para crear una conexión profunda con el cliente, superar sus expectativas y construir una relación que no termine en la transacción. El verdadero poder de las ventas radica en la capacidad de ofrecer no solo un producto o servicio, sino una experiencia que se recuerde, se valore y se recomiende.

Crear experiencias memorables es una de las formas más efectivas de hacer crecer tu negocio, porque no solo estarás generando clientes leales, sino embajadores de tu marca. Recuerda que el cliente es el centro de tu negocio, y si logras impactar positivamente en su experiencia en cada etapa, estarás creando relaciones duraderas que resultarán en un éxito continuo.

Crear experiencias memorables es un compromiso a largo plazo, y es un camino que requiere paciencia, dedicación y la habilidad de adaptarse a las necesidades cambiantes de los clientes. No se trata solo de "vender" un producto o servicio, sino de crear momentos que los clientes atesoren y compartan. Cuando una empresa pone al cliente en el centro de su estrategia, invierte tiempo en conocer sus deseos, y se asegura de que su experiencia en cada fase del proceso de compra sea excepcional, no solo ganará ventas, sino fidelidad y admiración a largo plazo.

El cliente que tiene una experiencia memorable en tu negocio no solo se convierte en un comprador recurrente, sino en un embajador de tu marca. Este tipo de cliente no solo regresa por lo que le vendiste, sino porque confía en tu marca y la recomienda a sus amigos, familiares y colegas. La recomendación de un cliente satisfecho tiene un poder inmenso: es gratis, es genuina y tiene un impacto mucho mayor que cualquier esfuerzo publicitario. Cuando un cliente se siente valorado y respetado durante todo su proceso de compra, especialmente en la post-venta, se convierte en un defensor natural de tu marca. Este tipo de lealtad es algo que no se puede comprar, se construye a través de experiencias extraordinarias.

Una experiencia memorable tiene el poder de generar recomendaciones orgánicas. En un mundo tan interconectado, las personas comparten sus experiencias con facilidad. Los clientes que se sienten bien tratados son más propensos a hablar de tu negocio, ya sea en las redes sociales, en conversaciones informales o en plataformas de reseñas. Pero, lo más importante, es que recomiendan tu marca sin ser solicitados. Esto es el oro puro del marketing, porque llega a una audiencia más amplia y genuina, que valora la recomendación por encima de cualquier anuncio.

En mercados altamente competitivos, donde los productos y servicios tienden a ser similares, la experiencia que brindas a tus clientes es lo que realmente te diferencia. Ofrecer una experiencia excepcional en la pre-venta, venta y post-venta no solo mejora la percepción de tu marca, sino que te coloca por encima de tus competidores. Los clientes no olvidan cómo los haces sentir. Si logras que cada interacción sea memorable, tendrás una ventaja competitiva insustituible.

Es importante recordar que, en la mayoría de los casos, los clientes no se acuerdan de todos los detalles del producto o servicio que compraron, pero sí recordarán cómo los trataste. Un servicio al cliente excepcional, el valor agregado en la postventa y un seguimiento genuino son los factores que pueden marcar la diferencia entre un cliente satisfecho que compra una sola vez y un cliente leal que regresa una y otra vez.

Toda esta estrategia de crear experiencias memorables no solo debe verse como un esfuerzo para lograr que el cliente vuelva a comprar. Es el pilar fundamental para el crecimiento sostenido de tu empresa. Al crear experiencias inolvidables, no solo estás asegurando clientes leales, sino también un flujo constante de referencias y una reputación positiva que te llevará a nuevos horizontes.

Cuando una empresa tiene una sólida estrategia de experiencia del cliente, se establece como líder en el mercado, porque sus clientes sienten que no solo están comprando un producto, sino formando parte de algo más grande. La lealtad que construyes a través de experiencias memorables genera un ciclo positivo que beneficia tanto a la empresa como a los clientes. La relación es de mutuo beneficio, porque el cliente obtiene un valor increíble y, a cambio, se convierte en un defensor activo de tu marca.

En resumen, las ventas no se tratan solo de hacer transacciones. Se trata de crear relaciones, de proporcionar experiencias únicas que se recuerden mucho después de que el proceso de compra haya terminado. Desde la pre-venta, donde te preparas para ofrecer un valor único, hasta la post-venta, donde te aseguras de que el cliente esté completamente satisfecho y listo para volver, cada interacción cuenta.

Las experiencias memorables deben ser una prioridad estratégica para cualquier vendedor o empresa que busque no solo vender, sino dejar una huella indeleble en la vida del cliente. Esta es la verdadera diferenciación en el mundo de las ventas modernas. Y recuerda: un cliente que recuerda tu marca por su experiencia es un cliente que no solo volverá, sino que te llevará al éxito de manera constante, transformando tu negocio en un referente en el mercado.

Es tu compromiso con el cliente, tu dedicación a ofrecer más allá de lo esperado, lo que te convertirá en un vendedor excepcional y en una empresa que no solo vende productos, sino que deja una marca en la vida de sus clientes. Con esta mentalidad y estrategia, no hay límites para lo que puedes lograr.

Capítulo Extra: El Líder en las Ventas – La Clave Para Transformar Tu Equipo y Multiplicar los Resultados

Un líder en ventas no es simplemente el jefe de un equipo de vendedores; es el motor que impulsa a todo el equipo a alcanzar el éxito. Un líder de ventas tiene la capacidad de inspirar, guiar, entrenar y transformar la cultura de ventas de una empresa. La verdadera diferencia entre un equipo de ventas mediocre y un equipo que rompe todos los récords está en la calidad del liderazgo.

En este capítulo, desglosaremos todos los aspectos clave de lo que significa ser un líder en ventas. Veremos las responsabilidades clave, las estrategias que debes implementar, y cómo puedes cultivar un equipo que no solo cumpla metas, sino que superé expectativas. Esto no solo se trata de obtener números, sino de construir un equipo motivado, comprometido y confiable.

Como líder de ventas, tu principal responsabilidad es guiar a tu equipo hacia el éxito. Esto significa que debes estar siempre preparado para asumir el rol de mentor, entrenador y motivador. Tu equipo debe sentir que tiene un respaldo sólido y un líder que se preocupa por su desarrollo tanto profesional como personal.

¿Qué implica esto?

1. Mentoría constante: Un buen líder no se limita a dar órdenes o exigir resultados. Un líder debe ser un mentor que proporciona retroalimentación continua, ayuda a los vendedores a mejorar sus habilidades y los orienta sobre cómo superar los obstáculos que encuentran en su camino.

2. Entrenamiento y capacitación: La capacitación nunca debe detenerse. Un líder efectivo debe ser capaz de proporcionar entrenamiento continuo para que su equipo se mantenga al día con las nuevas estrategias de ventas, las herramientas tecnológicas, y las tácticas de comunicación. El mundo de las ventas está en constante cambio, y un buen líder se asegura de que su equipo tenga siempre las mejores herramientas y habilidades.

3. Inspiración y motivación: Un líder en ventas es el principal motivador del equipo. No es suficiente con gritar "¡vamos equipo!" cuando las ventas bajan. Un líder sabe que cada miembro del equipo tiene diferentes motivaciones, y debe ser capaz de entender

qué los impulsa y cómo mantenerlos comprometidos incluso en tiempos difíciles. La motivación no solo proviene de los números, sino de cómo se reconoce y valora a cada vendedor.

4. Desarrollar una cultura de ventas positiva: El líder establece la cultura de trabajo dentro del equipo. Un ambiente de ventas positivo, basado en la confianza, el respeto y la cooperación, es esencial para que los vendedores trabajen bien juntos y se apoyen mutuamente. Un buen líder fomenta la colaboración y asegura que todos en el equipo estén alineados con la visión de la empresa.

El Líder Como Entrenador

Uno de los roles más cruciales que desempeña el líder de ventas es el de entrenador. Los entrenadores no solo dan instrucciones, sino que también están comprometidos con el éxito de sus jugadores. En ventas, esto significa estar comprometido con el crecimiento de cada miembro del equipo, identificando sus fortalezas y trabajando con ellos para superar sus debilidades.

Un buen líder no se limita a darles la respuesta, sino que les hace preguntas que los motiven a pensar y a encontrar sus propias soluciones. El entrenamiento no es solo sobre habilidades técnicas, sino también sobre habilidades emocionales, como la resiliencia, la confianza y la mentalidad positiva.

Acciones prácticas del líder entrenador:

- Retroalimentación personalizada: Dedica tiempo a hablar con cada miembro del equipo de manera individual. Asegúrate de que comprendan tanto sus fortalezas como las áreas que necesitan mejorar.
- Fomentar la autoconfianza: Ayuda a tus vendedores a creer en su potencial y haz que se enfrenten a sus miedos y limitaciones. Solo entonces podrán vender con autenticidad y pasión.
- Incentivar la competencia sana: Organiza desafíos o competencias dentro del equipo para fomentar la motivación. Esto no solo ayuda a mejorar los números, sino que fortalece el trabajo en equipo.

Un líder de ventas debe tener una visión clara de lo que quiere lograr. Pero más allá de eso, debe ser capaz de transmitir esta visión a su equipo, de modo que todos trabajen con el mismo propósito. La estrategia de ventas de la empresa no debe ser solo un conjunto de metas numéricas, sino una ruta clara hacia el éxito.

- Establecer objetivos claros: Define objetivos alcanzables, pero desafiantes. Las metas deben ser específicas, medibles, alcanzables, relevantes y con plazos. No solo los resultados finales, sino también los pasos intermedios que tu equipo debe seguir.

- Planificación y estrategia a largo plazo: Un buen líder sabe que la estrategia no es solo para hoy, sino que se planifica a largo plazo. Prevé los desafíos futuros y cómo se puede superar cada obstáculo.

- Adaptabilidad y flexibilidad: En ventas, no todo sale como se planea. Un líder efectivo tiene la capacidad de adaptarse rápidamente a los cambios y de ajustar su estrategia sin perder el enfoque en el objetivo final.

El seguimiento es esencial para un líder en ventas. No puedes esperar a que tus vendedores rindan al máximo sin saber cómo lo están haciendo. La evaluación constante es clave para detectar problemas y actuar antes de que se conviertan en obstáculos insuperables.

Los mejores líderes de ventas miden el desempeño de su equipo a través de indicadores clave (KPIs), tales como:

- Tasa de cierre de ventas
- Promedio de ventas por vendedor
- Número de nuevos clientes adquiridos
- Satisfacción del cliente

El seguimiento de estos indicadores no solo te permitirá evaluar el desempeño, sino también ajustar la estrategia, identificar áreas de mejora y motivar a tu equipo.

Cómo Tratar a Tu Equipo de Ventas: Construir Relaciones Basadas en Respeto y Confianza

El líder debe ser alguien en quien el equipo confíe y respete. Un líder que actúa como autoridad inalcanzable está destinado a fracasar. Los mejores líderes son aquellos que se ponen al nivel de su equipo, que conocen y entienden los desafíos de ser un vendedor, y que siempre están dispuestos a escuchar y apoyar.

¿Cómo lograrlo?

- **Escucha activa:** No se trata solo de hablar, sino de escuchar a tus vendedores. La comunicación debe ser bidireccional. Comprende sus inquietudes, sus miedos y sus ambiciones. Esto te ayudará a ajustarte a sus necesidades y darles el apoyo adecuado.

- Dar reconocimiento público: A todos nos gusta que nos reconozcan. Premia los esfuerzos y logros de tus vendedores, no solo los grandes éxitos, sino también los pequeños avances. El reconocimiento no solo motiva, sino que también crea un ambiente de trabajo positivo.

- Ser un ejemplo a seguir: Un líder de ventas debe ser el primero en dar el ejemplo. No puedes pedirle a tu equipo que trabaje horas extras o haga llamadas de ventas si tú mismo no lo haces. La integridad es la base del liderazgo.

Como líder, inevitablemente te enfrentarás a conflictos dentro de tu equipo. La manera en que manejes estos conflictos puede hacer la diferencia entre un equipo que sigue unido o uno que se fragmenta. La resolución efectiva de conflictos requiere paciencia, empatía y la habilidad de ver más allá de los problemas inmediatos para encontrar soluciones a largo plazo.

- Escucha imparcial: Siempre escucha a ambas partes del conflicto antes de tomar cualquier decisión.

Asegúrate de que todos se sientan escuchados y comprendidos.

- Buscar soluciones ganar-ganar: El objetivo no es solo resolver el conflicto, sino encontrar una solución que beneficie a todos. La colaboración es clave para que todos se sientan ganadores.

El liderazgo en ventas es una responsabilidad enorme, pero también una de las más gratificantes. Un buen líder puede transformar un equipo común en uno extraordinario. Si sigues los principios que hemos discutido en este capítulo y te comprometes a ser el mentor, entrenador y motivador que tu equipo necesita, no solo lograrás resultados extraordinarios, sino que construirás una cultura de ventas que será la base de un éxito sostenido y continuo.

Recuerda que, al final del día, tu trabajo no es solo vender.

Entra a www.edervillarreal.com/vendeconimpacto/plantillas para obtener una plantilla de seguimiento completamente gratis.

Epílogo: El Impacto del Vendedor

Las ventas son mucho más que transacciones; son relaciones, conexiones y oportunidades de transformar vidas, tanto las de los clientes como las de quienes lideran el proceso. En un mundo donde la competencia es feroz y las expectativas de los consumidores están más altas que nunca, las técnicas y estrategias tradicionales pueden no ser suficientes. El verdadero éxito en ventas proviene de algo mucho más profundo y duradero: el impacto que dejas en las personas, ya sean clientes o miembros de tu equipo de ventas.

Cada vez que un vendedor cierra una venta, no solo está intercambiando productos o servicios por dinero; está marcando una diferencia en la vida de esa persona. La venta no debe ser vista como un simple negocio, sino como una oportunidad de brindar valor. Cada transacción es una oportunidad de dejar una huella positiva, y eso se logra cuando se va más allá de los números, cuando la experiencia del cliente se convierte en la base de todo lo que haces.

Desde la pre-venta hasta la post-venta, la experiencia del cliente es clave. La verdadera diferencia entre los vendedores promedio y los extraordinarios radica en la capacidad de crear experiencias memorables, que aseguren la fidelidad del cliente y la recomendación continua. Como vendedor, tu capacidad de escuchar, entender y anticipar las necesidades del cliente es lo que realmente te destacará. Esta mentalidad debe formar parte de cada proceso de ventas, sin importar el sector o la industria.

El papel del líder de ventas no solo es crucial para el éxito de un equipo, sino que también es determinante para el crecimiento y la evolución de la empresa. El líder de ventas no es solo quien organiza las metas y da instrucciones; es el entrenador, el mentor, el estratega y, sobre todo, el motor de inspiración de su equipo. Un buen líder sabe cómo gestionar las emociones, las expectativas y las frustraciones de su equipo, brindando el apoyo necesario para que cada miembro pueda dar lo mejor de sí mismo.

El liderazgo en ventas es un arte que combina empatía, visión estratégica y la capacidad de conectar con los demás. Los mejores líderes son aquellos que logran construir una cultura sólida de compromiso, donde cada miembro del equipo se siente valorado y motivado para alcanzar el éxito.

Uno de los aspectos más olvidados, pero más esenciales, en cualquier proceso de ventas es la post-venta.

Muchos vendedores se enfocan únicamente en cerrar la venta, olvidando que lo más importante es lo que sucede después del cierre. La post-venta es una oportunidad de oro para consolidar una relación a largo plazo con el cliente. El seguimiento, el servicio al cliente y la fidelización son los pilares que garantizarán que no solo ganes un cliente, sino que consigas un embajador de tu marca.

La fidelización no se trata solo de hacer una venta, sino de hacer que el cliente vuelva una y otra vez. Es aquí donde entra en juego la creación de experiencias memorables, donde el cliente siente que no solo compró un producto, sino que obtuvo un valor extraordinario y único que lo hará regresar.

La verdadera esencia de un gran vendedor o un líder de ventas no está en los números, sino en el legado que deja. Los mejores vendedores no solo se enfocan en el éxito inmediato, sino en el impacto duradero que tienen en las personas a lo largo de su carrera. Son aquellos que logran que sus clientes los recuerden y que sus compañeros de equipo los vean como modelos a seguir.

Los grandes vendedores y líderes en ventas tienen el poder de transformar no solo el destino de una empresa, sino también el de aquellos que los rodean. Su legado no se mide únicamente en comisiones, sino en la manera en que han cambiado la vida de sus clientes, han inspirado a su equipo y han dejado una marca positiva en la industria.

El camino hacia el éxito en ventas no es un destino fijo; es un viaje constante de aprendizaje, crecimiento y adaptabilidad. Los principios que hemos explorado a lo largo de este libro son solo el comienzo. La clave para ser un vendedor extraordinario y un líder transformador radica en la capacidad de seguir evolucionando, en estar dispuesto a aprender siempre, a escuchar y a innovar. El mundo de las ventas está en constante cambio, y aquellos que logran sobresalir son los que se adaptan, pero siempre mantienen su enfoque en lo más importante: la experiencia humana.

Al final del día, las ventas son un reflejo de la capacidad de servir, de construir relaciones auténticas y de crear valor en cada paso del camino. Ya sea que seas un vendedor buscando mejorar tu rendimiento, o un líder de ventas guiando a tu equipo, el impacto que generes más allá de la transacción será lo que realmente marque la diferencia.

El futuro de las ventas depende de cómo se integren todos estos elementos: el liderazgo, la experiencia del cliente, la post-venta y la fidelización. El mundo actual exige algo más que vender productos o servicios. Exige líderes que inspiren, vendedores que se comprometan y empresas que ofrezcan experiencias que los clientes nunca olvidarán.

Al cerrar este libro, te invito a reflexionar sobre todo lo aprendido y a poner en práctica estas estrategias con pasión y determinación. Tú tienes el poder de cambiar el juego. Ya sea que trabajes en ventas, lideres un equipo o dirijas una organización, tu legado será el resultado de la manera en que inspiraste, motivaste y transformaste a otros en el camino hacia el éxito.

Que este libro te sirva como una guía para no solo alcanzar las metas de ventas, sino para dejar una huella indeleble en las personas y en el mundo de las ventas.

Agradecimientos

Este libro no habría sido posible sin el apoyo y la inspiración de muchas personas que han sido parte de mi vida y mi trayectoria en ventas. Cada capítulo refleja las enseñanzas, lecciones y experiencias que he adquirido a lo largo de los años, y por ello, quiero expresar mi más sincero agradecimiento a todos aquellos que han influido, de alguna u otra manera, en mi camino.

A mis lectores

Mi agradecimiento más sincero es para ti, el lector. Gracias por tomarte el tiempo para leer este libro y por abrir tu mente y tu corazón a las ideas que aquí comparto. Este libro es para ti, para ayudarte a crecer en tu carrera, para inspirarte a lograr grandes cosas y para demostrarte que el éxito en ventas está al alcance de todos.

Mi mayor deseo es que las herramientas, estrategias y lecciones aquí compartidas te ayuden a alcanzar tus metas, a desafiarte a ti mismo y a construir relaciones duraderas con tus clientes. Recuerda, las ventas no se tratan solo de productos y dinero; se trata de impactar vidas, de crear experiencias y de ser el mejor líder y vendedor que puedes ser.

Espero que este libro te inspire a dar ese siguiente paso, a seguir aprendiendo y a actuar con pasión. El camino hacia el éxito comienza con acción masiva y determinación, y confío en que tú, al igual que yo, tienes todo lo necesario para alcanzar grandes logros.

Gracias a todos los que me han acompañado en este viaje.

www.ingramcontent.com/pod-product-compliance
Lightning Source LLC
Chambersburg PA
CBHW071036240526
45469CB00006BD/2222